策划 晓 明 主编 李 礼

晋回忆

——人文中国的历史之旅

中国建筑工业出版社

图书在版编目（CIP）数据

晋回忆——人文中国的历史之旅/李礼主编.—北京：中国建筑工业出版社，2011.4
ISBN 978-7-112-12997-3

Ⅰ.①晋… Ⅱ.①李… Ⅲ.①山西省—概况 Ⅳ.①K922.5

中国版本图书馆CIP数据核字（2011）第037025号

责任编辑：马 彦
责任校对：陈晶晶 王雪竹

晋回忆——人文中国的历史之旅
策划 晓 明
主编 李 礼
*
中国建筑工业出版社出版、发行（北京西郊百万庄）
各地新华书店、建筑书店经销
北京娜姆拉广告传媒有限公司制版
北京方嘉彩色印刷有限责任公司印刷
*
开本：889×1194毫米 1/20 印张：12 字数：261千字
2011年4月第一版 2011年4月第一次印刷
定价：58.00元
ISBN 978-7-112-12997-3
（20411）

前　言

大众传播下的现代生活，克尔恺郭尔很早就预测它将会是这样：人们越来越间接地与生活打交道。于是在忙碌而无聊的生活之外，越来越多的中国人开始为这样的问题而焦虑，即我和那些永远也接触不到的10多亿人凭什么成为一个共同体？是因为这个法定的疆域？还是那抹不掉的黄色肌肤？

中国的城市日益难以回答这个问题，中国式发展似乎更多选择了淘汰路径，众多承载各种历史记忆的建筑和街道，在不断呼吁的保护声中仍不断倒下。在某种程度上，今天你进入任何一所中国城市，景观大概如此：大小难看程度不一的楼房和相似的广场以及商业，除了几句方言，中国的地域文化在城市外表基本消失，传说中的过去就这样了无痕迹，无从找寻。

不过在城市之外的乡村，依然有着另外一个中国，它依然可以触摸昔日的痕迹，并见证着今日的裂变。费孝通在《乡土中国》里曾说，中国的乡土社会是有语无文的，中国的文字并不发生在乡土基础，不是人民的，而是庙堂性、官家的。所以文字的形式和文字所载的对象都和民间的性格不同。事实上，在多数时候，多数中国人都是处在庙堂之外的江湖，他们的喜怒哀乐不是习读经典的精英分子所幻想的那样。纸面上的三纲五常和礼义廉耻经常禁锢不了生动的生活。除了史籍中的烈女传，人们既可以看见如西厢中的大胆越轨，民谣中的热烈私奔，也能从《孟姜女》中找到伟大长城背后的一群平凡男女。

这样的差别恰好构建了一个丰满而生动的中国，同时它也一再传递出这样的信息：这片土地上的故事远比我们头脑的设想来得丰富而多元。《史记》、《资治通鉴》里有一个中国，民间小调《送情郎》、《恨媒人》里还有另外一个中国。

从某种意义上说，山西的历史既是地域史，更是中国史。这里保有中国数量最多的人类化石和旧石器遗存，也拥有最为丰富的古代建筑。它不仅有着尧舜禹的昔日痕迹，有着大槐树下的国人先祖回忆，还输出了门神尉迟恭、忠勇关云长这样传统文化中的理想人物。直到今天，三晋大地还惊人传承着很多千年以上的大规模民间活动，让外来的观光者一再思忖，其背后有着怎样坚韧的历史动力？本书是年轻的《炎黄地理》杂志部分内容的结集，也是一份乡土中国的一次观察报告，其间少了一些冷峻的局外人式的“客观”描写，而多了几分在场的感性和唏嘘。

在更多的时候，乡土中国依然承载着我们往日的回忆和今日的慰藉，虽然农耕文化和农业文明的衰退，是过去百年里这片土地最深刻的变化之一，商业文明的全面崛起令财富和商业新贵正成为时代新的楷模。希望中国人重新构建一种共有文化生活的企图无疑是困难的，不过无论如何，光芒四射的物质文明都难以令我们内心深处这些无名的冲动释怀，而中国人身上的特殊文化气息也不会因我们的喜恶而消失。

“命中注定的分离，预示着来世的重逢”（叶赛宁），只是当中国人重新建起自己庞大的精神家园时，那个新旧杂陈的文化纽带又将会是什么？

李礼

2011年3月

目录

太谷：寻找失落的箕城

箕子是谁？

他为什么被称为中国文化史上的“第一子”和儒学先驱？

他是怎样早于老子、孔子等先哲600余年，阐述了对后代影响深远的五行学说、王道学说、天人感应学说？

他为什么会成为很多朝鲜人所敬仰朝拜的“祖先”？古书典籍中多次提到的箕子封地是否就在山西太谷县东的一个小村庄里？

带着这些扑朔迷离的问题，拨开千年历史迷雾，我们开始寻找失落的箕城。

白燕村寨圪落，庄稼地边上有三四米高的黄土塬，断层上嵌满了碎陶，有的地方还暴露着尸骨。

太谷离山西省会太原太近了。然而，当箕城、箕子这两个生僻词猛地从日常生活中跳出来时，我还是感到时间突然向后无限地拉长，一次太谷箕城探索之旅便在兴奋和迷离的双重状态下开始了。

白燕遗址

到达离太谷县城约15公里许的小白乡白燕村时，炎阳正当头高照，但我们几个人仍然兴致勃勃地去探访白燕遗址。白燕遗址得名自白燕村名，在村西北的河滨阶地上，南临乌马河，总面积约35万平方米，发现于1956年。1980年到1981年组织进行了三次大规模的发掘，发掘总面积达3000平方米。文化层堆积达5米之多。遗存丰富，有大量的灰坑和少量的房址、陶窑、墓葬等。出土的陶器有新石器时代的甑、钵、壶、鼎、釜灶、瓮、尊等，夏商时代的鬲、瓮、簋、鼎、敛口三足瓮等，周代的鬲、瓮等，另外还有大量的尸骨、牙、蚌器和少量的青铜、金质器物。遗址延续时间较长，上自新石器时代，下至西周晚期，是一处系统了解晋中地区从仰韶时代晚期到龙山时代早期比较完整、连贯的文化遗产序列遗址。

遗址上是田野，多处种着各色树苗，一问才知道，白燕村是有名的苗圃菜蔬基地。白燕村的红皮蒜质优丰产，远近闻名。到了一处叫寨疙瘩的地方，庄稼地边上有三四米高的黄土塬，断层上嵌满了碎陶，有的地方还暴露着尸骨，多处密布着一种灰白色的蜡姜石。同行的村民李文跃介绍说，寨疙瘩处原有很长很深的壕沟，农业学大寨那会儿填平了，现在还留有几十米长的一小段，四五米深的样子。我们沿着田埂上到寨疙瘩上，更真实地踩到了人类的历史。阳光下，碎陶片依然呈现着原来的样子，深灰色、砖红色、黑色，绳纹、篮纹、水波纹……

从寨疙瘩上下来时，不小心擦破了腿上的皮肤，并好几次被荆棘扎了手，在野外显得异常笨手笨足的我突然看到了古人灵巧矫健的身影，他们具有比今人更强的攀爬、奔跑能力。

寻找箕城

王文魁，一位从太谷某兵工厂退休的老人，今年 65 岁。老王在厂里的派出所上班，但平时爱看书，尤喜欢看历史书。他偶尔翻阅了山西古籍出版社出版的《山西历史地名词典》，书中有[箕]的词条：春秋时晋地，故地在今太谷县东10公里。《左传·僖公三十三年》："晋侯败狄于箕。"杜预注云："在太原阳邑有箕城。"洪武《太原志》："箕城，在（太谷）县东二十里。"《春秋舆图》："箕，晋地，在今山西太谷东三十五里。"词条中明明白白说明箕城就在太谷县内，只是距离略有出入罢了。但是，整个太谷县，却没有一处带“箕”的地名，这使一部分人怀疑历史上的箕城不在太谷县境内，加上邻近县有明确的带“箕”的地名，如箕山、箕村等，真正的箕城被包裹在云里雾里。

认定箕城就在太谷县境内的王文魁在2000年退休后，便骑着自行车跋涉太谷县的山山水水，开始寻找箕城。

只有初中文化的老王边翻书，边实地走访。他先将目光锁定在一些古寺庙的石碑上，想得到更明确的指引。因太谷县古称阳邑县，如今的阳邑乡就是古太谷的旧址，所以，老王先去了阳邑乡的净信寺，阅读了寺里的30多通碑，可惜这些碑基本都是清朝年间的，最早的两通唐碑字迹已漫漶不明，没有查到任何关于箕城的蛛丝马迹。

随后他又去了大佛山的天宁寺，凤山的福缘寺，并远上黑峰古寨等。10年里他几乎走遍太谷县的大小村庄，逢上了年纪的人就问。为此，他投入了7万多元，大部分都购买了书籍资料。一套《明万历志》，因为里边的《太谷志》里有箕城的信息，他便花了 2000 元，从北京扛了回来。还有《尚书》、《左传》、《水经注》、《资治通鉴》、《辞海》、《辞源》、《永乐大典方志辑佚》、《史记》、《中国通史》，日本人山冈师团著的《山西大观》等等上千本艰涩的古书。

2008年县史志办的陈旭主任对王文魁的课题非常感兴趣，并认为大有价值，于是聘他到史志办，从此古箕城的探索注入了集体的力量。一次，老王偶

王文魁，一个只有初中文化的退休老人，10年来，为寻找到确凿的古箕城证据，不仅走遍了太谷的大小村庄和寺院、道观，还翻阅了大量艰涩的古书。

白燕遗址

尔翻到一本《开国帝王》，书中有一幅玄鸟生商的插图，那玄鸟的样子不就是燕子么。他突然想起在一座寺庙里偶遇小白乡白燕村的一个人，这人曾建议他去白燕村调查，白燕村的村名可能有来头。2009年3月初，史志办的人在老王的带领下，去白燕村实地调查。然而当他们问了几个80多岁的老人村里有什么传说故事后，除了白狐仙，他们又都异口同声地说了这样一个故事：从前村里有一个婆姨吃了燕子蛋后，就怀上了娃娃，然后怀了好长时间，生了一个大人物。问及什么样的大人物，他们说不知道，反正是很厉害的大人物。这几个老人并没读多少书，他们根本不知道玄鸟生商的神话传说。而当他们讲出这样的故事后，大多腼腆地一笑，连连摆手，称自己都觉得荒诞，这次采访，史志办从头至尾都做了录音。

事有蹊跷，不久后为“三晋石刻收集”忙碌的县文物旅游局的武玉柱在库房里例行抄碑时，发现一通碑上的墓志铭有“葬于箕城之内故茔以北”字样，联想到王文魁说起过的寻找箕城旧址一事，便立马打电话告诉了史志办。然后陈旭、王文魁等人赶到文管所，亲眼看到了这通碑，简直是喜出望外。墓志铭上明明白白地说明了墓主人的身份，并点明墓主人卒于武则天称帝后的第三年（长寿三年，即公元694年）。这通唐

在一棵长有五个枝杈的古柏前，立着两尊无头的古老佛像，村人给佛像披上红布，因风吹日晒，红布有些褴褛，颜色也褪了。

碑的出现，可说是王文魁辛苦10年的最终回报。关于碑的来处又费了些周折，经过排查，最终落实到小白乡的王村。原来，在1953年秋或1954年秋，村民们在石映旺家院内挖红薯窖时，挖出一古墓，除尸骨外，还有一块方形碑。村民们好奇，便喊来本地的吕恕。后者从北京下放到老家，本人颇有知识修养，其时他正在县文化馆帮忙。他看了石碑，感觉有非同寻常的史料价值，随即回家取了一块红布包了，借到一辆自行车驮着送到了文化馆。为此，当年的《太谷报》报道了此事，并刊登了吕恕本人的照片，予以表扬。而这块碑却并没一下子发挥它的历史作用，它在库房里继续沉睡了 50 多年。

王村与白燕村只隔一里地，原来本就是一个村。不管怎么样，唐碑的出现，证明了王村白燕这一片至少在唐时被称为箕城。这与古文献的记载相吻合。事情到此，作为发起寻找箕城旧址的王文魁内心按捺不住激动，为了让世人更早地了解箕城真相，他在2009年4月，领着4个白燕王村的村民，找到山西社科院的杨晓国教授。杨晓国教授看了相关的资料，并读了《太谷报》上王文魁撰写的《白燕疑为古箕城》一文后，当场拍板，去掉“疑”字，白燕村就是古箕城中心！为此，来自民间的一场历时 10 年的“探索与发现”之旅似

《尚书》和《诗经》中的商代文献，都大量讲述祭祀鬼神的事情。现如今，白燕村及附近的村民信奉白狐仙，儿胜信佛，或许与远古的一种集体记忆有关。

乎已能画个句号了。

太谷往事

《古今姓氏辨证》云："箕氏，出自子姓。商之季世，封其父师为畿内侯，谓之箕子。其地太原阳邑县箕城是也。"南朝刘宋时期范晔著《后汉书》中记载，秦始皇统一中国后，置太原郡，辖16城，其中就有阳邑城，而又特别说明阳邑有箕城。

《明万历志·太谷县志》："箕城：在县东三十五里。商时纣封箕子于此。《左传》：鲁僖公三十三年，晋败狄于箕。杜预注：太原阳邑县南有箕城。古阳邑城在县东二十里。春秋时，晋大夫阳处父食邑。秦汉时为县治。北周建德六年西徙。故治遂废，城址微存。"明确表明太谷县是由阳邑城迁徙而建，而古箕城就在太谷县东三十五里。

3000多年来，古箕城一直深藏于太谷县境内。只因太谷县没有一座山、一条河、一个乡镇、一个村庄以"箕"命名么？真实的事物被人们的习惯性思维屏蔽。太谷有儿歌："太谷城，真有名，鼓楼盖在正当中。东寺园里游九曲，田儿后头绞活龙。白塔建在无边寺，四街八井盛兴隆。"游九曲、绞活

新修的胡大仙宝殿里，本供着胡大爷和胡大娘，但自从箕城、箕子的故事传开后，白燕村的村民又自发地请人新画了他们想象中的箕子像，供在一边。

《诗经·商颂·玄鸟》：“天命玄鸟，降而生商。”玄鸟，即燕子。传说简狄等三个少女在野外洗澡，有一只玄鸟生下一个蛋，简狄吞下去后，怀了孕，生的孩子就是商的始祖契。

白燕遗址上，俯拾皆是新石器时代的碎陶片和器物残件。

龙，均为太谷的民间社火活动。太谷县，被人们称为“金太谷”。自明迄清代，商贾辐辏，甲于三晋。曾以经营票号、典当、茶叶、绸缎、药材等大宗生意名闻遐迩。今天，太谷旧城区以鼓楼为中心，东西南北四条街道仍然存在着，原来曾享有“中国的华尔街”之誉。即便今天，人们在老街行走，仍然可以看得到街两侧威严富丽的老房子，砖雕木雕堆砌而成的各式门楼，高耸翘首的精致屋脊，各种店铺名号一个挨着一个。入夜，街两侧的仿古明灯照耀，上了年纪的老人们坐在街门口聊天，有的摆了方桌打牌，看着他们一脸的安详满足，时光都会柔软舒缓下来。但是，太谷的金，或许不仅是由明清以来的晋商所涂，更深层次的原因则与它厚重的历史底蕴有关。

无边寺白塔是全国重点文物保护单位，是“金太谷”的标志性建筑。太谷的文物管理所就设在里边。寺址原为白塔村，北周建德六年（577年）徙县址于此。故民谚云：先有白塔村，后有太谷城。寺始创于西晋泰始八年（272年）。据说寺内白塔的白颜料里掺着米汤等东西，历久弥新。不过，现在为了保护，上面又涂了一层白色涂料，新涂料却不大经得起日晒雨淋，个别地方有脱落的痕迹，能够窥视到原有的白，但历史总还是被小心翼翼地包裹起来。夜色里，白塔最好看。上方朦胧的天光加低处的市井灯光，让白塔看上去异常柔和神秘。

箕城—阳邑—太谷，历史的三次变迁，割一不可。我们中途临时决定又考察了阳邑乡境内的净信寺，这是全国重点文物保护单位，始建于唐开元年间，经过三次大修。现存的建筑是第三次大修后的产物，在明万历年间。除佛像外，还有大量的明代壁画。在后院的西屋里，有精美华丽的悬雕，进去有如置身石窟。寺院庞大，由于时间紧，未得及全部参观完。婉谢了住持留用素餐，将更深的佛缘放在了后头。

三多堂，也叫曹家大院，位于太谷西南5公里。明清时期晋商巨富曹氏家族在极盛之时建起富丽堂皇的宅院，以“福、禄、寿、禧”四大院为代表。现存三多堂为一幢“寿”字形宅院，三多意为“福多、子多、寿多”，始建于明末清初。我在一本书上，查到曹家人

白燕村供销社门前，村人们正在歇晌闲聊。

曹润堂的一幅指画《戏曲人物》，画的落款为：古箕城木石庵居士写于一竿竹两竿竹竹斋南窗下。原作保存在太谷文管所。曹润堂为清末（1853~1909年）人。这幅画明证，至少在那个时候，文人们仍然习惯称太谷为古箕城。

历史一丝不苟，但呈现却显得扑朔迷离。太谷县，古箕城，明明白白的一个事实，却留着先天遗憾。而这遗憾却被一个普通的村庄弥补了。2009年，就在那次史志办的人到白燕村考察传说时，不经意问村人，这个地方叫寨疙瘩，那块地呢？有人指着与寨疙瘩相邻的一块土地问。聚箕场。聚什么场？所有史志办的人都兴奋起来，许多日子以来，他们一听到发 QI 或 JI 的音就高度紧张。当即，他们又问那个箕怎么写，村人毫不迟疑地说，就是竹字头，下边其字。为了严谨起见，又查了村里的某些记录，凡涉及那块地的，都写着“聚箕场”。问及为什么叫聚箕场时，村里人说是古时候什么部落召集人开会的地方。历史越来越清晰。一块大约20亩的土地，自古就袒露在风霜雨雪中，现在正长着一米来高的柏树苗。3000多年来，历史一直将商时箕城的高贵名号隐藏于一块朴素的庄稼地上，只在一方朴素的老百姓口中相传。谁也不会想到，几个热爱本土历史的民间文人，在锲而不舍的探索中终于破解了历史深藏的符号。

而一旦理清了脉络，各种佐证也似有意一样出现。据太谷中学孟福莲老师讲，在如今的太谷中学，文庙西侧原有箕子祠，抗日战争前，祭祀活动从未停止过。民国15年（1926年）左右，她是太谷县第一两级女子学校四班的学生，记着学校就紧挨着箕子祠，后来祠又用作教师宿舍。不久后，包括明伦堂的建筑一并毁坏。如今仅剩文庙、城隍庙大殿，中间地段的其他建筑不见一丝痕迹。箕子祠和明伦堂原在的地方辟作学生操场。透过月亮门，我看到穿金黄运动衣的几个男生正在练习打篮球。不知他们心里有没有箕子和箕城的故事。而这个已然消失的箕子祠，是太谷作为古箕城所在地的又一力证。

白燕村与王村

若不是王文魁历经10年的地毯式寻找，古箕城旧址的传说或许仍然停留在厚薄不一的一本本古今书籍中。而一个300来户的小村庄，也继续被叫成一只美丽的白燕子而不为人识。

白燕村位于太谷县东北的丘陵地带。远眺凤凰山、凤景山（因山峦身姿酷似一巨大的卧佛也被称作大佛山）、凤翼山，乌马河流经村南。据村民讲，聚箕场的北面叫狐儿沟，原来是古河道，与寨疙瘩的护寨壕相通，属小河支脉，汇入象峪河。这里山清水秀，土地肥沃。白燕遗址的发现，已经证明从新石器时代起，人类已在此繁衍生息，一代代人将此地作为自己温馨的家园，创造了无数珍贵的文化。

“村里的老辈传下来说，寨疙瘩有一妇女大暑天去村外河中洗澡（还有一说法是洗衣），正巧有一只白色的燕子落在头上，下了一颗蛋，妇人吃了这颗蛋后就怀孕了，生下一个男娃娃非同一般，后来这个地方就叫成白燕村。”（引自村民采访录音）《诗经·商颂·玄鸟》：“天命玄鸟，降而生商。”玄鸟，即燕子。传说简狄等三个少女在野外洗澡，有一只玄鸟生下一个蛋，简狄吞下去后，怀了孕，生的孩子就是商的始祖契。

白燕村有宝峰禅寺，在村的西北角。不知始建于何年。院内还有一些残存的佛像，石碑。在一棵被称作五状元的柏树前（有关专家说这样的柏树全国仅见过两棵），立着两尊无头的古老佛像，村人给佛像披上红布，因风吹日晒，红布有些褴褛，颜色也褪了。令人感到神奇的是那棵坚硬的柏树，它只分五个枝杈，像人的一只手向天上伸展着。寺前的两棵千年老槐树，同样各生五枝，每枝上住一窝喜鹊。我将信将疑，仰起头来一二三地数，果然，两棵树上共十个喜鹊窝。树繁茂高大，喜鹊窝都高高在上。箕子在箕城这块土地上，是否也面对大自然里神奇的五字符，遐思不断，进而如神助般阐述了五行说呢？

现在村里的老人听已故的赵殿魁老人说起：“他小的时候，白燕高寺（即宝峰禅寺）中有一白狐，一早一晚狐子炼丹（也叫狐子喝坡），就是在早晨太阳刚出山和晚上落山时对着太阳叫。并与大佛山上的‘灯’联系了起来。盖寺时人们不分白天黑夜地干，晚上的照明措施就是点灯笼，可遇到刮风

王村出土的唐碑，墓志铭清晰可辨。它为人们寻找箕城旧址指引了航向。

箕子在箕城这块土地上，是否也面对大自然里神奇的五字符，遐思不断，进而如神助般阐述了五行说呢？

在王村采访时，巧遇一个出殡队伍，我们一直跟踪拍摄到墓地。这是即将被焚烧的童男童女纸人儿。

下雨不能点灯笼时，人们就祷告，这时从大佛山上就飘来一个异常明亮的球，吊在半空中不走，这样寺就很快盖起来了。”“听海根爷爷说，有人晚上去南席看戏，戏散后回家，天黑得啥也看不见，迷了方向，突然看见前面有一盏灯，于是跟着灯走，走到高寺后头，灯没了，才醒悟过来是狐大仙在帮他。”（引自村民采访录音）据说，村里的人只要迷了路，默默祷告大仙，就会有灯引路回家。高寺的狐仙灵验，现在村里的人都这样认为。近两年，村民自发集资200万元，重修了宝峰禅寺。捐款人的名单还贴在墙上，最多的捐了2万元，最少的5元是一位孤老太太捐的。不仅白燕村的村民都捐了，附近村的，附近县的，甚至远到太原、大同和北京等地也都有人捐。崭新浓艳的一座佛殿和一座狐仙殿并排而立。村人有一种朴素的思维，他们忌把仙人称狐，因而将大殿名变成“胡大仙宝殿”。

传说狐大仙的生日是农历六月十八，每到这天，四邻八乡的人都来高寺敬香许愿、还愿。祭祀的贡品猪羊牛都要选白色的。

现在宝峰禅寺保存有“宝峰禅寺之碑”砂岩石碑一通，碑文刻于明正统六年，虽难辨全文，但有的字样还是能够清晰读出。如：“狸狐天子避暑之瑶宫”“空王佛如来出现登履之处”，曾有“僧徒百众”，“演玄微妙义”，是“先代帝王香火之寺”，后两句，尤让人浮想联翩。新建寺后，一村民主动送来一通石碑，上刻“神护寨，大明崇祯八年”，据说是在寨疙瘩附近挖出来的。寨疙瘩原来可能是旧城，封土很厚，只是后来被村人挖土盖房屋用了不少，目前还存有三四米高。原填平的壕沟处现是玉米田。有人推测，宝峰寺这个地方，最早或许是寨疙瘩那个什么城的祭祀处，一直就很繁荣。现在某村民家里还珍藏着原寺里的一对明代豪华宫灯和一只钵盂，与佛像一起，被人虔诚地供奉着。

《礼记·表记》说：“殷人尊神，率民以事神，先鬼而后礼。”它表明，商朝重视神权。《尚书》和《诗经》中的商代文献，都大量讲述祭祀鬼神的事情。现如今，白燕村及附近的村民信奉白狐仙，几胜信佛，或许与远古的一种集体记忆有关。

白燕、王村原来是一个村子，听老人说，王村可能居住的是王公贵族，与普通人不能住在一块，后下大雨拉了一道沟，逐渐单独成为一个村。我们去王村找到了当年出土唐碑的地方，就在晋商大户石家的院里。因为早已在 50 多年前填埋，地面上看不出什么，堆着煤炭，长着一棵臭椿树，一条黑色的京叭有些胆怯地躲在树身后。我在棋牌室见到现年81岁的程仲文老人，他年轻时下过石家的红薯窖。说在他十四五岁时，做小长工，每到秋天便要储存红薯。石家的红薯窖特别大特别深，隔了一堵墙，从窟窿里往里看，好像画着炕围子（说的可能是壁画），五颜六色的，他边说边举着一只天蓝色背面的麻将牌比画。他说明知道里面是墓，害怕，却又好奇，老想偷着看。但是唐碑的发现却又过了十来年。可能是继续扩大红薯窖的时候，挖出了碑。同时还有一副尸骨，骨骼比常人的大好多，见过的村人都这样描述。白燕遗址出土的骨骸也比较大。是不是说明箕城这一带，古时居住的人个子都比今人大。《史记·周本纪》说，姜嫄在野外踩了巨人的足迹而怀孕，生下的儿子就是周的始祖"弃"。历史记载中所谓的巨人或许不是空穴来风。商和周本就有纠缠，白燕王村这块地方充满历史的烟云也就不足为奇。

王村没有白燕的传说。白燕只住在白燕村。村里现在还有人说自己见过白色的燕子。但令人遗憾的是，白燕村没有任何白燕的标志，殷商的白燕只活在了一个村庄的名字里，就像"箕"字活在一片田野上一样。

神秘的箕子

关于箕子（约公元前1173年~公元前1080年），古代只有一条史料，说他名叫胥馀。箕子是商王朝的贵族。他是商高宗武丁的第七代后裔，是商纣王的远房族叔。孔子称箕子、微子、比干为

太谷古城西街，前方为鼓楼。

从太谷古城中心的鼓楼上拍到的南街。远处即为太谷县城的标志白塔。

殷之三仁。《周易》明夷卦《象》曰："明入地中，明夷。内文明而外柔顺，以蒙大难，文王以之。'利艰贞'，晦其明也。内难而能正其志，箕子以之。"在骄奢淫逸的纣王当政下，身为太师的箕子劝谏无用，便选择了隐晦自己的聪明才智，被发佯狂而自保，但内心却自守正态。《周易》在明夷卦里以周文王、箕子为例，可见箕子在历史上的地位和影响。

商纣王封族叔箕子在箕城，因而箕城是箕子真正的家园。他在箕城的日子是怎样过的，在箕城共呆了多少年，这都是历史之谜。而文献上明确注明的"箕城在太谷县东三十五里"却是真实的，上文已基本探明了这个问题。

山西的榆社与太谷只隔一座山，在白燕村的时候，王文魁就用手指着告诉我，翻过那座山是榆社，乌马河就是从榆社流过来的。榆社有箕山，其他地方如左权县、平陆县、陵川县也有箕山或箕子山。尤其是陵川县，境内有箕子山。箕子山位于太行山脉南部主峰位置，海拔近 1700 米。太行山古时又称五行山，为啥叫此名，或许与箕子在此活动有关，因为箕子是阐释五行学说的第一人。《淮南子》一书中有“武王欲筑宫于五行之山”的记载，这个记载与陵川当地关于周武王寻访箕子于此相吻合。传说商灭后，箕子一度隐居于此。箕子山上有“谋棋岭”和“箕子洞”。此地有天然形似围棋的黑白小石子，有最原始的“观棋烂柯”的传说。箕子利用俯拾即是的黑白石子演绎天象，并发明了围棋。据多方考证，中国围棋起源地就在陵川箕子山。而左权县有上其（原是箕，后改其）至村和下其至村。尤其是下其至村，一直就把村上的两孔土窑洞叫讨吃窑，说从前住过一个神秘的人。可惜，窑洞早已塌掉了。但人们继续联想，以为历史上箕子在此避过难，其至村的村民保护过这位思想家。巧合的是，王文魁就是下其至村人，他小时候就知道村里的讨吃窑，但关于箕子的推测也是刚产生。箕子好像一股风，不愿在一处呆，他尽可能地把足迹远播，从而造福了更多地方的人民。

但山西省社科院的杨晓国有新声音，他以为所谓“箕子”并不一定就是人名，它应该是有商以后贵族中专管天象观测及其授时制历的世袭职务或爵位之称。殷商从汤立国至纣亡国共计500余年，加上汤以前的先商时期时间就更长。商代的都城多次迁徙，用以观测天象的箕子封地也可能同步迁挪。晋、冀、豫、鲁各省历史上都曾有过箕子山或箕山，可能道理即在于此。

湖南陈蒲清教授认为，商族和周族的区别，除了商重视畜牧业与田猎外，还表现在商族有经商、重商的传统。王亥驾着牛车，用帛和牛当货币，在部落间做买卖。所以，商频繁迁徙的原因或许就是因其游牧行国和游走经商所致。杨晓国教授以为“箕子”不是人名是职务或爵位有待考证。但至少箕子不是仅停留在始封地箕城，而他的先祖子箕在过的地方，再加上箕子本人佯狂隐居的地方，被囚的地方，还有箕子的某些后人在过的地方，这些地方都留有带“箕”的地名也就不足怪了。

箕子为殷商太师，地位很高。他又是纣的叔父，眼看纣王昏庸残暴，国事衰微，他屡次进谏无效。有人怕他也像比干、微子一样被纣王迫害，便劝他离开殷商。而箕子却说：“为人臣谏不听而去，是彰君之恶而自说于民，吾不忍为也。”于是佯狂离开国都，到山里隐居。他有时弹琴来抒发内心的悲伤，后世的琴曲《箕子操》据说就是他的。“嗟，嗟！纣为无道杀比干，嗟复嗟独奈何！漆身为厉，被发以佯狂，今奈宗庙何！天乎？天哉！欲负石首投河！嗟复嗟，奈宗庙何！”纣王后来发现箕子假装疯狂，便把他囚禁于朝歌。今河南的淇县朝歌镇还有比干墓、三仁祠、箕子庙等古迹。

公元前1122年（周武王十一年）周武王兴兵伐纣。牧野之战，纣王兵败自焚。周武王释放了箕子，是年箕子已经51岁了。他不愿食周粟，婉拒了周武王，到箕山一带隐居起来。但是第三年，周武王还是诚恳地将箕子请出山，向他询问殷商灭亡的原因，想从中获得教训。但是箕子不说话，他不愿意讲故国的坏话。武王于是婉转地向他询问怎样顺应天命来治理国家，箕子这才陈述了《洪范》“九畴”。

《尚书》所收的《洪范》全文分为两大部分，一部分是箕子向周武王陈述夏禹传下的“九畴”，另一部分就是箕子本人对“九畴”的阐述。后代影响深远的五行学说、王道学说、天人感应学说，都是以《洪范》为基础而逐步发展完善的。所以陈蒲清教授认为，在中国哲学史和政治思想史上，箕子是第一位文化地位重要的思想家，可称中国文化史上的“第一子”和儒学的先驱。而《洪范》是上古时代的一篇系统的政治哲学著作，可能是由周朝初年史官记录下来的。这九条治理国家的大法对中国政治影响深远。

武王大悦，如获至宝，奖励箕子，并要重用箕子。但箕子早就对微子说过：“商其沦丧，我罔为臣仆。”于是请求前往与商有一定族缘关系的朝鲜。周武王因而封他为朝鲜侯，不把他当臣下看待。这时箕子已经53岁了。这样的年龄，并历经了丧国之痛和流离之苦的箕子，会不会只是逍遥度日，饮酒纵情呢?

三年后，“箕子朝周，过故都殷虚，感宫室毁坏，生禾黍。箕子伤之，欲哭则不可，欲泣为其近妇人，乃做《麦秀》之诗以歌咏之。其诗：‘麦秀渐渐兮，禾黍油油！彼狡童兮，不与我好兮！’所谓狡童者，纣也。殷民闻之，皆为流涕。”（《史记·宋微子世家》）此后，箕子再也没回过故国。

箕氏王朝与古朝鲜的传说

因为箕子不愿服务于周，也不愿食周粟，便选择了与商有渊源的朝鲜定居。周武王敬重这样的贤人，主动封他为朝鲜侯。周武王大度，箕子也不消极。他懂五行说，具有朴素的唯物辩证思想。他也相信天人感应，相信事物和人的任何细节运行都会有一种必然结果，要取得最终的“和谐”就不疏忽于任何用心的努力。历史上有许多刚硬的人物，但箕子属于刚柔相济者，是最终的平和、宽容之人。他尊天道，珍视生命，在亡国丧君、流离失所的时候，做到了不抛弃。朝鲜一样是天道的产物，又是商的亲缘，箕子我既然懂天道的深邃，就要将自己的才学和热情进行到底。虽表面上世道变作了周，但箕子寓居于一江之隔的朝鲜半岛却是发挥着“王”的作用。朝鲜几乎是一张白纸，给箕子提供了作画的天地。

从某种意义上说，箕子不仅是中国最早的有著作传世的思想家，而且也是中国最早到达国外并产生巨大影响的思想家。中国记载箕子开发朝鲜事迹的书籍有：《竹书纪年》、《尚书大传》、《史记》、《汉书》、《后汉书》、《三国志》等。箕子到达朝鲜后，有了大作为。

而朝鲜本族人的记叙，与中国史书的记载基本一致。如《三国遗事》、《三国史记》、《三国史略》、《高丽史》、《东国通鉴》、《箕子传》、《箕子外传》等史书和作家文集都记载了箕子在朝事迹。而《东史纲要》中对箕子的记载比中国的史书还详细。“己卯（周武王十三年），朝鲜箕子元年。殷太师箕子东来，周天子因以封之。箕子，子姓，名胥馀。封于箕而子爵，故号箕子。……箕子不忍周之释，走之朝鲜。武王闻之。因以朝鲜封之而不臣也。都平壤。筑城郭。施八条之教。箕子之来，中国人随之者五千。诗、书、礼、乐、医、巫、阴阳、卜筮之流，百工技艺，皆从焉。……衣冠制度，悉同乎中国。……箕子用殷田制，教民以田蚕织作。不三年，民皆向化。……戊午（周成王三十三年），（箕子）四十年，箕子薨。寿九十三。葬平壤北兔山。”箕子长寿，后半生似乎更辉煌，更有成就感。因为他把抽象的《洪范》“九畴”留给了周武王，而自己却学以致用，过了一把治理国家的瘾。

朝鲜史书上还记载了箕子后代箕氏王朝的情况。这可是个绵长的王朝，总共传世1131年，比中国最长的朝代周还长了近 300 年。这或许要归功于箕子早期的教化大法。

古城东街的一处老房子，门上方书写着“卫生池”。从小巷子走来的这位叫赵雪柯的太谷实验小学二年级学生面对镜头毫无胆怯和羞涩。

箕子和箕子的后人在朝鲜北部和南部都有发展。今朝鲜和韩国的姓氏中有箕姓，还有其分支韩姓、齐姓、黄姓，他们都奉箕子为始祖，曾到中国河南省淇县朝歌镇的箕子庙寻根问祖。前几年，也有朝鲜和韩国的人到山西省陵川县考察寻找始祖箕子最初的封地，但最终没有找到。

事也真巧，太谷县这个小城偏偏定居着一个朝鲜人，叫张玉荣。她说她从小就知道箕子，并知道箕子是从中国到朝鲜的一个文化巨擘，帮助朝鲜发展。她曾去过平壤的箕子陵祭拜过箕子这位先哲。知道箕子的真正故乡在太谷后，她惊喜万分，冥冥中，她已逆着历史长河，迎着3000多年前箕子出走的足迹，抵达了巨人的故里。

未了之谜

虽然有众多史书及其他线索证明箕城就在太谷，甚至明确指出在太谷东三十五里，但太谷人似乎长久地忽略了自己最早的祖先。他们过着安逸而自足的日子，经商了得，教育了得，且民风淳朴，社会治安良好，他们似乎不需要远古祖先的庇护，因为曾经所有的优秀文化已转化为一种集体潜意识保留下来。

太谷人的真实历史好像非得经历一些戏剧化的故事才能轰然洞开，一个来自外县的人只因对太谷有了深厚感情，便在退休后不辞辛劳，苦苦寻找10年，一个在史学界始终有些模糊的课题竟然被一个业余的民间文人破了个大半。如果箕城遗址还有后续的挖掘计划，那么王文魁这个名字不可能被忽略。他和县史志办人员锁定的白燕王村，很有可能就是破土遗址的重要参照地。

目前，太谷县高度重视箕城旧址的发现，力量在增强，一个个证据在各种巧合和机缘中显露。尤其是王村出土唐碑的再认识，使箕城终于揭去历史半遮半掩的面纱。而被迫远足到他乡的箕子也终于可以回到自己的故土。这片故土仍然有清澈的河水流淌，有山峦耸立，有青青的麦苗，殷商之玄鸟还在一个叫做白燕村的上空飞翔。“汤乃改正朔，易服色，上白。”太谷县内密布的带白字的村庄乡镇以朴素委婉的方式纪念了最早的祖先。白燕、小白、大白、白大石、大白沟、白村、白城等。如此重复表达一个色彩的地名群实在让人思绪万千。再加上白狐仙的民间传说和信仰，这块地方不由得让人肃然起敬。

王村出土唐碑是因挖红薯窖的原由。下过红薯窖的人还有好几个。他们都说，王村的地下尽是墓，显然这里是个墓葬群。真正的考古从未在此地进行过。人们都说这里有过大人物，才叫王村。那么究竟是什么样的大人物呢？那个碑的主人王君只是一个上骑都尉，加晋原府捻师，官阶并不大。王村的“王”会是谁呢。村基下的墓葬群若以王君算，已有1300多年。更早时，这个地方是不是哪个诸侯国专门的墓地，而王村是不是由守墓的人逐渐繁衍建成。

出土唐碑上，主人王君被称为“后稷之苗，周文王胤”，他怎么又和周扯上了联系？

王村和白燕村明清时都出现过晋商

大贾，如王村的石家，白燕村的张家。至今两个村庄还有门楼高耸的老房子。有经商的习惯和本领也许受着远古始祖的影响。

白燕村宝峰禅寺里的那块“神护寨”的石碑，碑文记载，明崇祯六年，村民们邀请阴阳先生及石匠、木匠、铁匠等在寨疙瘩区域大兴土木修筑寨子，并起名“神护寨”。“神护寨”这三个字又让人遐思一番。白燕遗址仅仅挖了不到百分之一，大量的信息或许还深藏在寨疙瘩、聚箕场下。

与寨疙瘩相邻的地方，有一大片枣林。都是些老枣树了，据林业专家实地考察后推测，树龄该在300年以上。它们长在一块高地上，枝叶繁茂，正开着密集的金黄色的小花。每棵树的间距均等，成阵列，有人推测是八卦形。这有待找适当的时候航拍证实。这些枣树结的枣是绝对纯正的壶瓶枣，一种甜中微酸滋味浓郁的枣。最粗的两棵枣树独立站在阵列外，用三个人才拉起了手。这儿有句谚语：“千年的柏树问老槐，槐树还是枣树儿管的媒。”好多人都愿意相信这么粗的枣树儿应该有更老的年龄。就在老枣树边的草丛里，躺着一根两米多长、顶端桃形的石柱，已断成两截，上有阴刻文字，仔细辨认后，得

阳邑乡境内净信寺的大雄宝殿修复于明万历年间。三面墙上都有精美的壁画，内容为水陆画。

毕业于南京佛学院的净信寺住持释传轮。

知是“禁止踏践”四个大字。两个男人用力掀起，发现下面藏一井，有石盖，中间留着一个足球大小的圆孔。石柱背面也有文字但漫漶不明。这井不知何年打，石柱也不知何年立，是专门浇灌和守卫这片古老的枣林么？

2009年7月10日黄昏，我与摄影师正在太谷古城的鼓楼上等待拍摄夜景，突然从西南向飞来成百上千只燕子，它们在鼓楼的南面和西面不停地盘旋。那阵势仿佛编队战机表演俯冲、拉起、回旋，速度之快，动作执著，我们禁不住欢呼雀跃。玄鸟生商。箕子魂归故里。我们的心顿时变得柔软无比。

突然飞来的燕子们是商朝的使者吧。

半小时后，古街上的路灯亮起，往来车辆也渐次打开了灯，而天空还未黑透，天幕呈现出蔚蓝色，成片成片老房子的瓦顶犹如传说中的大鱼，发出幽幽的海的光芒。摄影师不停地按着快门，古箕城探索之旅在闪光灯里画上了一个漂亮的句号。

撰文/丹　菲　摄影/王　牧

木塔佛踪

"这塔真是一个独一无二的伟大作品，不见此塔，不知木构的可能性到了什么程度，我佩服极了，佩服建造这塔的时代和那时代里不知名的大建筑师，不知名的匠人。"

——梁思成

"应县木塔这批文物，件件都是国宝。"

——任继愈

"捷疾罗刹曾盗取，一双佛牙天上来。千年秘藏应缘现，尽是如来智与悲。"

——慧礼法师

梁思成

山西应县佛光寺释迦塔被郑重载入中国古代建筑史的史册，梁思成先生成就了应县木塔在中国建筑史上的地位。

一座“让人喘不出口气来半天”的塔

翻开建筑系学生的教科书《中国建筑史》“佛塔经幢”一节，第一个实例就是山西应县佛光寺释迦塔——“建于辽清宁二年（1056年），是国内现存唯一最古与最完整之木塔”，“塔身平面为八角形，底径30米，高9层（其中外观5层，暗层4层），67.31米。底层的内、外二圈柱都包砌在厚达1米的土坯墙内，檐柱外设有回廊，即《营造法式》中所谓的‘副阶周匝’。各层都设有平座及走廊。全塔共有斗栱60余种。”

应县，古称应州，地理“左襟太行，右带桑干，南控雁门，北接云朔。”曾为大唐名将李靖大军的军营所在地，也是后唐李国昌、李克用、李存勖、李嗣源，后晋石敬瑭，后汉刘知远等马上皇帝的故里。宋辽雁门大战，金灭辽，元灭金，明与鞑靼的多次战斗都在附近进行，历代都置重兵防守，但战事频仍的数百年里，一座古朴的木塔却奇迹般地保存下来。

这座塔在举世瞩目之前，已经沉默地在应县这个小县城伫立了八百多年，历史上的她显然辉煌过，但是20世纪对于塔的建筑与历史价值的发现与重视，却首先要归功于大名鼎鼎的建筑学家梁思成先生。郭黛姮（梁思成先生的学生，现为清华大学建筑学院教授）、高亦兰与夏路合著的《一代宗师梁思成》中，详细地提到梁先生发现和考察应县木塔的经过。

1933年9月，梁思成和刘敦桢先生去山西大同考察古建筑，很想顺便考察古称四大胜迹之一的应州塔，但是又担心长途跋涉到了那儿却发现只是一座清代重建的塔。梁思成在北平图书馆查阅了所有能找到的有关应县的资料，却不见一张应县木塔的图片。林徽因后来回忆说：“思成自从知道了应州塔，对于这塔的关心，几乎超过他自己的日常生活，早晨洗脸的时候他会说，‘上应县去不应该太难吧，’吃饭的时候他会说‘山西都修有顶好的汽车路了’。走路的时候他会突然笑着说，‘如果我能去测绘那应州塔，我想，我一定……’他话常常没说完，也许是怕被语言亵渎了。最难受的一点是他根本还没看见过这塔的样子，连张模糊的照片翻印都没有见到。”于是梁先生试探着写了一封信，给应县的照相馆，并在信中附上了一元钱，请他们代为照一张木塔的照片来。最有趣的是，信封上写的是“应县最大的照相馆”收（后来才知道，那也是应县唯一的照相馆）。令他惊喜的是，不久之后，竟然真的收到一个纸包，寄件人是山西应县××斋照相馆，里面夹带着一张木塔的照片，最后提出的要求竟然是想要一点北京的信纸和信封。就是这张照片，让梁先生喜出望外，决定一定要亲赴应县考察木塔。

后人已经很难想象得出梁先生说那些话和写那个信封时的神态了，那个不知名的照相馆的照相师傅，也肯定不知道正是自己这个小小的举动成就了梁先生的应县之旅，成就了应县木塔在建筑史上的重新被发现和界定。

有了这个戏剧性的开头，梁思成后来的应县之旅果真意义非凡。1933年10月7号《大公报·文艺副刊》上刊登了梁思成的《闲谈》一文。文中写道：“今天，正式去拜见佛宫寺塔，绝对的Drewbelming，好到令人叫绝，喘不出一口气来半天。”文章还写道：“这塔真是一个独一无二的伟大作品，不见此塔，不知木构的可能性到了什么程度，我佩服极了，佩服建造这塔的时代和那时代里不知名的大建筑师，不知名的匠人。”他和他的学生，当时尚还年轻的营造学社成员莫宗江（著名的建筑史学家，清华大学建筑系教授），冒着生命危险，精细地测量了各层平面，测量了三四十种不同的斗栱，做了塔的断面图，然后绘制了楼梯、栏杆、隔扇的图样，用仪器测量了各檐的高度和塔刹，最后抄录了寺中的碑文。就这样，山西应县佛宫寺释迦木塔进入了一个建筑史学家的视野之中，并且通过中国营造学社的《中国营造学社汇刊》介绍给了整个建筑学界。

被木头掩盖的佛宝

从梁思成亲自考察应县木塔并将它郑重地载入中国古代建筑史的史册之后，应县木塔吸引了一批又一批国内外

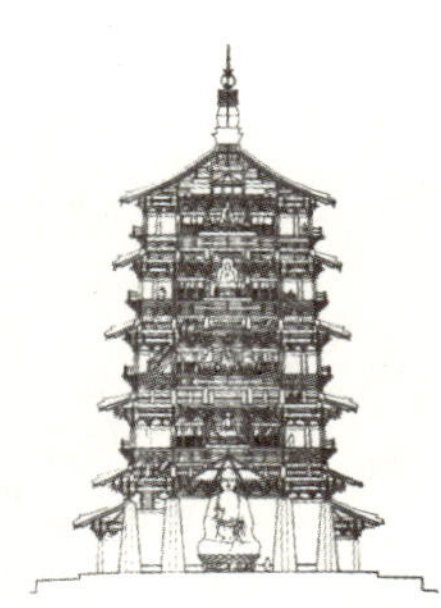

山西应县佛宫寺辽释迦木塔中国营造学社测绘，民国23年9月实测，民国24年6月制图

著名的文物、古建专家。罗哲文（原营造学社成员，著名古建专家，国家文物局原总工程师）先生从20世纪50年代起，先后七次到应县对木塔进行考察，后担任了木塔修缮保护技术小组组长。为了探讨应县木塔的修缮保护方案，曾经有七位重量级的中国科学院、中国工程院院士多次对应县木塔进行考察、论证，其中就包括德高望重的两院院士周干峙（曾任中华人民共和国建设部副部长）和吴良镛两位先生。

据史书记载，在这近千年的岁月中，木塔除经受四季变化、风霜雨雪的侵蚀外，裂度在五度以上的地震就经历过十几次，却依旧巍然屹立至21世纪，这样的建筑奇迹怎能不打动这些内行的建筑学家？

木塔最令人称奇的是其设计的精

巧。全塔上下除了砖石塔基和铁制塔刹外，整体架构所用全为木材，没有一根铁钉，数以万计的构件全靠卯榫互相咬合固定在一起。而其结构之固堪称一绝，木塔采用的是两个内外相套的八角形框架，平面上分为内槽和外槽两部分，内槽供奉佛像，外槽构成平座供人员活动，内外槽之间分别由栏额、普拍枋和梁、枋等纵向横向相连接，构成了一个刚性很强的双层套桶式结构，这种结构方式非常类似于现代高层建筑的筒体结构（不同的是筒体结构一般由现浇混凝土构成）。专家惊讶地发现，近代日本的地震建筑专家在《地震与建筑》一书中提出了五条抗震设计原则；而早在950多年前，应县木塔的设计者已经很好地实践了这些原则。

木头在这个建筑里的作用和价值

左图：木塔斗栱
右图：木塔修建场景

被中国古代建筑师发挥到淋漓尽致。木塔避雷在于木结构的绝缘性，同时，塔内上下层的连接采用了叉柱造的方法（叉柱造就是将上层柱的底部十字开口，插在下层柱上的斗栱之间，而且上层柱向内退进半个柱径，从而造成逐层内收的效果）进一步增加了木塔的稳定性。另一方面，木结构建筑应用的斗栱和卯榫的咬合不是刚性连接，当遇到大风和地震等外力作用时，构件之间产生一定的位移和摩擦，可以吸收和损耗部分能量，起到调整变形的作用，构成了木塔建筑的柔韧性。而不能不提的另一个方面就是应县木塔的斗栱古代不知名的伟大匠师们在这座塔上竟然设计了近60种（梁思成著《图像中国建筑史》中说56种，还有一种说法是54种）形态各异、功能有别的斗栱，使这座木塔成为我国古建筑中使用斗栱种类最多，造型设计最精妙的建筑，被称作"斗栱博物馆"。

那么如此巨量的粗大木材从何而来呢？现在被普遍认可的解释是：早在千年以前，建塔之地往西北不远的地方叫黄花梁，据《辽史》记载，兴宗皇帝曾狩猎黄花梁，能一日射熊36只，森林面积之广可想而知，而当年附近的黄花梁森林就是建塔用材之源。直到现在，附近的百姓仍相传着一句话："砍倒黄花梁，建起应州塔。"

正是这座塔建筑上的斐然成就使得它在20世纪中外驰名，不过同时却悄悄地掩盖了这座塔的另一面。"缥缈层檐凤翼张，南山相望郁苍苍。七重宝树围金界，十色雯华拥画梁。"这是金代著名诗人元好问在此留下的诗篇，诗人在28个字里用了五个佛学掌故，充分显示了应县木塔浓重的佛教氛围。佛塔原本

是佛徒们膜拜的对象，同时又用来供奉佛教宝物，有的藏经，有的藏舍利，有的作为墓塔。而“应县木塔”真正的名称是佛宫寺释迦塔。佛宫寺，目前占地40多亩，而在历史记载中它曾经占地达40多公顷。放眼世界，佛寺以“佛宫”为名、佛塔以“释迦”为名的都只此一处。那么如此雄伟的木塔到底供奉了什么宝物呢？

一对幸免于难的银盒与一段民间传说

1961年3月，饱经沧桑的应县木塔被国务院公布为首批“全国重点文物保护单位”，但因经费难以落实，管理不善，保护不力，木塔的残损日益严重。几年后，“文化大革命”开始了，塔内佛像首当其冲遭到严重破坏，无知的红卫兵砸烂了佛像，从佛像一层的腹内掏出大量的珍贵文物，有的当场焚毁，有的不知去向，损失难以计数。

1966年普通的一天，一位朔县的到访者来应县公干，登塔参观（当时的应县木塔并未向游人开放）。据时任应县文物保护所所长的杜福回忆，那位同志下来之后就对管理人员刘德说，在三层佛坛的破损处发现了一个金属盒子，看上去像是有人故意藏进去的。刘德当时已年迈，腿脚不便，又只身一人，不敢离开塔门，就请这位好心人重返塔上取下银盒以及另外三幅折叠起来的佛画。当时发现的银盒里，装有一些珍宝玉石状的小物件，两颗珠子，此外，还有一个特别不起眼的化石状的小东西。

八年后的1974年9月，应县木塔开始实施抢险加固工程。当时工作人员发现在塔内二层中有一尊佛像的身体破损了，且显然不是自然破损，而是有人故意砸开，于是工作人员迅速向当地公安机关报案。应县公安局原副局长刘耀武至今对30多年前的这个案件记忆犹新：“当时木塔正在维修，尚未开放。在二层维修木塔楼板的有本县两位王姓木匠，在木塔底层维修大佛像泥塑的有老艺人韩佃翰（当时已年近70岁），谢巨广所长每天上塔监工，除此再无他人登塔。根据现场勘查和访问有关人员情况，分析作案者很可能就是两个木匠。为此，我们很快到接马峪村传讯了那两个姓王的木匠，经过政策攻心，他们很快供认了二层主佛像胸部装藏

慧礼法师

来自台湾被称为布袋菩萨大师的慧礼法师，认定应县释迦塔所藏佛牙为传说中的释迦牟尼佛牙。

的文物是他们偷的，我当即责令他们交出所盗文物。”

当秘藏被追回时，人们惊呆了。又是一个银盒，而且几乎与1966年发现的银盒一模一样，打开银盒里面又出现了和前一个盒内差不多的珍宝和一颗不知名的珠子，以及另一个大小形状均与前面那个类似的小化石。

在当时的应县民间，一直流传着这样的说法：应县木塔有三颗宝珠：避火珠、避水珠、避尘珠。而这座古塔之所以能躲过天灾人乱，始终不倒，就是因为有这三颗珠子佑护着它。那么如果这两次发现的三颗珠子果真是传说中的“避火珠、避水珠、避尘珠”，那么塔内还究竟供奉着什么最重要的佛教珍宝，让这座塔如此重要，需要如此三珠佑护呢？

也正是在这次对应县木塔的整修过程中，文物工作人员又在二层主佛像腹内取出佛经30卷，残卷两包。1977年9月10日，又在一层清理出佛经30卷，残卷12包，手抄本4包。这样，经过前后五次发现清理，共得佛经75卷，佛画4幅，两个银盒子内珍宝若干。不过，这些文物究竟有多大的历史价值呢？

佛牙之谜

1974年之后，应县木塔中出土的大批文物引起了有关部门和文物考古学家们的极大兴趣，修复、整理、研究被很快摆上了重要议事日程。1979年7月，根据国家文物局的安排，中国历史博物馆与山西省文物局组成了“应县木塔辽代文物整理组”。组长是史树青，副组长张畅耕，成员有傅振伦、毕素娟、郑恩淮、冯鹏生。这批文物的修复由北京荣宝斋承担。该店的数位高级技术人员参与负责了修复工作。

值得一提的是这个整理组的各位成员，担任组长的史树青是一位与启功、杨仁恺、徐邦达齐名的我国“四大文物鉴定专家”。他是当代著名史学家、文物鉴定家、中国国家博物馆研究员、国家文物鉴定委员会副主任委员、中国收藏家协会会长，是公认的中国文物鉴定

左图：木塔四层主像所出。佛牙舍利一枚；花式银盒内盛有蜡缬黄地白点提花罗经袱包裹的释迦说法相三幅；七宝：金币、银箔、琥珀珠、水晶珠、沉香木、香泥饼、铜钱。

右图：木塔二层主像所出。银盒盖内有黄罗经袱包裹着的七宝与佛牙舍利一枚。七宝：水晶葫芦、水晶珠、香泥饼、沉香木、水晶石、琥珀珠、香泥珠串。

依据佛教经典和历史记载，应县释迦塔珍藏的两颗佛牙，如法如律，其色泽、大小、形制完全同佛教经典记载相一致。

界泰斗。而成员中的毕素娟女士是中国历史博物馆研究员，著名的辽史学家，对辽代文物及印刷史之论著甚多。成员冯鹏生是我国著名的书画装裱修复学者，文物界誉为“活国宝”，被誉为“书画修复国手”。这样一个强大的专家阵容，使人对被鉴定的文物产生了更大的兴趣——这是些什么价值连城的宝贝呢?

鉴定的结果果真让人大吃一惊。

那个银盒子里装的零散小物件就是佛教七珍【又称“七宝”，一般来说七珍指的是金、银、琉璃、玻璃（水晶）、砗磲（贝类）、赤珠和玛瑙】。而最不起眼的那两块化石样的东西竟然是佛教史上疑云重重，说法众多的散落在世间的释迦牟尼的两颗舍利佛牙——全世界最为尊崇的佛教圣物之一。

事实上，数百年前的一首古诗里已经向人们显示了一些舍利的线索。据明代《应州志》记载，诗人王如在《木塔》诗中写道：“木作浮图控大荒，疑从东极涉扶桑。朝云浸佛雕甍湿，夜月偏生曲槛凉。突兀九层持地轴，波罗三藐发天光;而今舍利犹存否？只与骚人壮锦囊。”

此诗后两句说明在明朝及更早的时候，就相传木塔藏有佛牙舍利。

根据《佛教史》（杜继文主编，凤凰出版集团江苏人民出版社2006年出版）记载，公元前486年，释迦牟尼在拘尸那罗城（今印度北方邦境内）附近的娑娑林里坐化，享年80岁。

唐译《大般涅槃经·圣躯廓润品》中载：佛灭度后，帝释于佛口中请去灵牙一颗，又有两名捷疾罗刹盗取一双佛牙，后捷疾罗刹因畏惧哪吒而将佛牙缴出。《佛学大辞典》中记载称，哪吒得到佛牙舍利后送予道宣律师（据考证确有其人）。从历史典籍中看，《佛祖统计》卷五十三、《宋高僧传》唐道宣律师传记等都有北天佛牙条，记载此事的内容。“唐宣律师在西明寺行道，北天

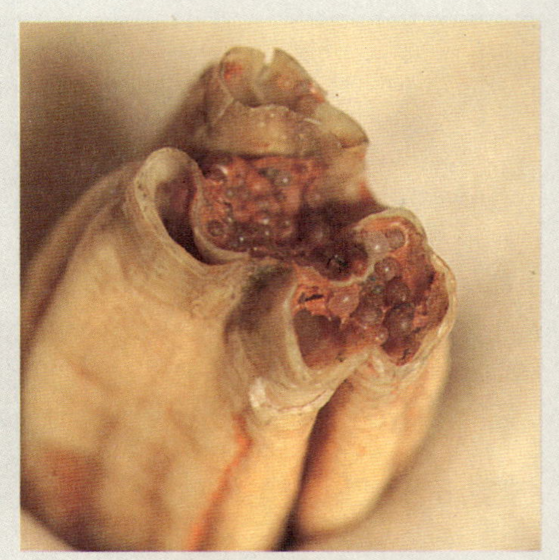

左图：电子探针下佛牙舍利子的成像图。
右图：佛牙舍利子仍在不断地奇异增生着。

王太子以捷疾罗刹所授佛牙上于师”，道宣律师一直保存供奉着这一稀世珍宝佛牙舍利，并在他三十五岁那年参访游历山西时将一双佛牙赠予雁门关外军事重镇应州金城。民间文学典籍中哪吒之父托塔李天王手中所托宝塔被说成是应县宝塔，古老相传，也应缘示现出一双佛牙舍利与应县佛宫寺释迦佛塔的渊源关系。

另外一种说法则认为，为什么会选择应县作为供养佛牙舍利的地方呢？当地的应县即古时候的应州，曾经出过三位皇帝以及三位皇后，辽王朝的九位皇帝，有六位到过应州，并且留有许多在这里狩猎、寄居的记录，而且据史料记载，许多辽朝皇帝还在应州储藏宝物，建立行宫。可见，应州在辽的统治者眼里是一块风水宝地。由此，辽代的萧太后，作为虔诚的佛教徒在此风水宝地建起大木塔，专门供奉佛牙，因此应县木塔又叫释迦塔。——没有佛的真身舍利不能叫释迦塔，而且这个寺院叫做佛宫寺，也就是佛祖释迦牟尼的宫殿，从这个名字似乎也可以推测出应县木塔是用来供奉佛牙舍利的。而唐玄奘《大唐西域记·迦湿弥罗国》记载了玄奘法师在西天印度曾朝拜过佛牙，其佛牙长三寸、油浸鲜亮、熠熠生辉。依据佛教经典和历史记载，应县释迦塔珍藏的两颗佛牙，如法如律，其色泽、大小、形制完全同佛教经典记载相一致。

2005年冬，被国内外佛学界誉为布袋菩萨大师的慧礼法师偶然来到山西，立即被殿宇巍峨、高耸挺拔的木塔所震撼，当分别出自二层和四层主佛像这一双佛牙呈现在他眼前时，他大为震惊，称“仔细辨识，又睹佛牙上方舍利增生，晶圆剔透，虹光闪耀，异彩纷呈，种种瑞象，终难缕述。我辈何幸，得见如来骨相，心怀雀跃，喜不自胜”。

可是，与佛宝七珍与舍利佛牙一同出土的还有大量的卷轴、佛经、古籍等。经过“整理组”鉴定，在其中发现了十二卷辽代佛经。此前，辽藏在世间向无传本，被称为“虚幻的大藏经”。这些辽经的发现，使得这一历史至此结束。那么在应县木塔所藏的佛经、典籍中却全无任何关于这两颗佛牙舍利的记录，这如何解释？

木塔发现的“佛宝七珍”包括水晶葫芦和水晶球。水晶葫芦高3.5厘米，重25.1克，完整，下部有震裂纹。水晶珠，直径3厘米，重30.1克，完整，有磕碰痕。

很多研究者想起“文化大革命”刚开始时被焚烧、破坏的那部分文物。应县佛教学会研究员康日华曾经回忆，1966年8月12日，正值“破四旧、立四新”的高潮，红卫兵把一层的主佛像打开了，取出来的各种书卷、帛画、玉盒、木盒堆积起来相当于20平方米房子的三间，然后付之一炬，从中午12点一直烧到晚上9点。就这样，在一群年轻人点燃的这场大火中，也许能够彻底解开佛宝至尊——佛牙谜底的机会就此灰飞烟灭……

1991年山西省文物局、中国历史博物馆主编、文物出版社出版的《应县木塔辽代秘藏》，详细地记录了“应县木塔辽代文物整理组”关于应县木塔佛牙舍利的结论。该书叙录的第六部分如此记录：

木塔二层主像所出：

（一）银盒盖（当初被盗后被追回的那个）。重154.8克，已经压砸捶打变形，盒失。据当事人云：原为筒状，有子母口。内有黄罗经袱包裹着的七宝与舍利佛牙。

（二）黄罗经袱。长43.5厘米，宽31.5厘米，重6克。有多处残孔。丝质，经一纬二织成。

（三）七宝。水晶葫芦，高3.5厘米，重25.1克，完整，下部有震裂纹。水晶珠，直径3厘米，重30.1克，完整，有磕碰痕。香泥珠串，高1.9厘米，重4.1克。珠直径2.2厘米，重5.6克，完整。二物用长35厘米的浅蓝色绳穿连。沉香木，11块，重19.6克。水晶石，六面结晶体，重255.1克，呈紫蓝两色。琥珀珠，碎珠多呈粉末状，共重10克。质似松香，代以琥珀。香泥饼。十方块（其中四块残）。多为瓣形，有五至八瓣不等。一为圆形，共重26.32克，另有小残块14块，共重3.25克。

（四）舍利佛牙。高8.3厘米，重

木塔内佛像

76克，牙形骨质，色微黄。牙根部、牙身纵沟内镶嵌有白色细珠，即舍利子。

木塔四层主像所出：

（一）花式银盒。高6厘米，口径12.5厘米，圈直径9.8厘米，厚0.1厘米，重154克。完整。盒盖圈足均作六瓣花形。内外有红、绿、黑色锈斑。按：此银盒原置于木塔四层主像木构骨架中柱上端之凹槽内。盒内盛用蜡缬黄地白点提花罗经袱包裹的释迦说法相三幅。

（二）蜡缬黄地白点提花罗经袱。正方形，一边长54厘米、重16克。两边用黄绒缭边。一边有1平方厘米残损，有多处小孔。

（三）七宝。金币两枚，“宣和元宝”一枚，直径2.1厘米，厚0.08厘米，重3克。正面不光滑，“和”字一边四分之一块断下。宋徽宗宣和元年（公元1119年）金钱。“政和通宝”一枚，直径2厘米，厚0.1厘米，重3.8克。完整光亮。宋徽宗政和元年（公元1111年）金钱。银箔两片，不规则长方形，共重4.4克。琥珀珠，共82粒，重3.75克。质似松香。水晶珠，直径3厘米，重59.75克。铜钱十一枚，其中“开元通宝”四枚，“唐国通宝”一枚，“景德元宝”二枚，“天禧通宝”四枚。沉香木二块，共重1.9克。香泥饼十块，六整四残。四瓣形，直径2.3至3厘米，厚0.2至0.4厘米，重0.9至2.87克。正面有凸起云龙纹，背面光平。中心有阴文圆圈，或穿孔。

（四）舍利佛牙。高6.3厘米，重49.8克，牙形骨质，色微黄，牙根凹坑镶有赭色细珠，即舍利子。

在“应县木塔辽代文物整理组”的指导下，由北京荣宝斋修复高手修复的12单卷辽经分别为：

1.大方广佛华严经卷第四十七；2.大方广佛华严经卷第二十四；3.大方广佛华严经卷第二十六；4.大方广佛华严经卷第五十一；5.妙法莲华经卷第二；6.称赞大乘功德经一；7.大法炬陀罗尼经卷第十三；8.大方便佛报恩经卷第一；9.中阿含经卷第三十六；10.阿毗达摩发智论卷第十三；11.佛说大乘圣无量寿决定光明王如来陀罗尼经一卷；12.一切佛菩萨名集卷第六。这12卷皆是卷子本，完整者轴、杆、缥带、别子俱存。其中5卷有卷首画。

文物之争

无论怎样追悔，失去的文物都永无可能再追回。而现存的这些珍贵的文物，却时刻牵动着应县人的心。由于当地条件所限，从1974年开始，雁北地区文物站将这些文物登记造册，盛箱调走。这批千年宝物第一次离开了佛塔，离开了应县，来到大同。1979年，国家文物局拨出专款，责成山西省文物局和中国历史博物馆组成“应县木塔辽代文物整理组”，委托北京荣宝斋修复装裱，将破损文物恢复原貌。因此，这些文物又从大同被运至北京，历时两年，使这批文物整旧如旧，恢复了原貌。

这其中还有一段耐人寻味的小插曲。从1974年这批千年国宝离开应县起，应县的知情人就一直惦念着这些国宝的下落。1982年6月的一天，应县突然接到雁北地区文物部门的一个通知，说是应县木塔的一批文物在北京基本修复整理完毕，在国家历史博物馆预展，让应县有关部门去六个人看预展。23日，当时的政府办公室主任杨生淳等一行六人，从应县赴北京。同车启程赴京的还有雁北地区的领导。据几位当事人回忆，一到北京他们就受到了高规格接待，被用车送到友谊宾馆，不仅食宿上乘，还受到了国家文物局副局长沈竹的亲切看望。

可接下来发生的事情却让满怀欣喜赴京的这六人大吃一惊，虽盛夏时分却“如一盆冷水浇身，浑身冰凉”，在事先没有跟应县来京人员做任何沟通的情况下，有关部门突然做出决定要把应县木塔出土的64件所谓的重复件国宝文物赠送给历史博物馆。在《舍利佛牙进京记》一文中，几位当事人回忆了那天晚上发生的事情：6月25日晚，在友谊宾馆召开的会议，突然由地区文物站站长张畅耕先介绍了当晚会议的中心内容，是让应县来京的同志把64件所谓的重复件国宝文物赠送给历史博物馆，赠送时要在“历史博物馆”的赠送书上签下赠

送者的名字。迟两天，还要举行一次隆重的赠送仪式，国家文物局副局长沈竹还要作重要讲话。会场上顿时鸦雀无声，等待着应县代表们的反应和表态。当时我们想：世界宗教研究所所长任继愈同志看后说，“应县木塔这批文物，件件都是国宝”，国宝出自应县木塔，我们受应县领导委托，代表应县20多万人民来京观看修复整理情况的，应县领导与应县人民没有给我们赠送他人的权利呀！国务院有规定，就地出土的文物就地管理，就地保存。怎么就冒出个“赠送历博”的怪招来。镇静后，我们应县赴京的六位同志，在会议上庄严地做出了表态反映：“不同意。”当场人们感到大吃一惊，会议不欢而散。散会后，会下又做我们的工作。当晚弄得一塌糊涂。

第二天上午，六人专程跑到国家文物局找到了副局长沈竹同志，说明了应县不同意赠送“历博”的情况和原因，并表态说，如果是国家需要，国务院可下发文物调拨文件。沈局长听后说：“既然你们不同意，我们就不召开会议举行赠送仪式啦。你们安心回去吧。”

沈竹局长的表态给应县代表们吃了定心丸，他们相信沈局长这么说，应县国宝应该不会离开故土了。27日上午，应县代表们就被通知不能再在友谊宾馆住下去了，而是让他们搬到了食宿条件都差一大截的全国总工会干校招待所。7月1日，六位代表由北京乘火车返回应县，就这样，应县木塔的一双舍利佛牙、七珍八宝、稀世藏经，在首都北京的谈判桌上，初步达到了“完璧归赵”的目的。

“些小吾曹州县吏，一枝一叶总关情”，这六位应县代表比谁都知道木塔

以及这些宝藏对于应县人意味着什么，所以才能坚持要把国宝留在故土。1983年，山西省给应县划拨专款18万元用于建设文物库，可建成之后，被调走的文物却迟迟不能“归家”。当时已经担任了应县副县长的杨生淳是个木塔迷，1991年他先在应县十届二次人民代表大会上提出了《关于清查回归应县木塔辽代文物的议案》，获得通过。会后县主要领导责成县人大常委会、政府有关部门分别派员与雁北文物站有关领导进行交涉，希望能够让木塔的宝藏尽快回到应县，但如泥牛入海，毫无消息。1994年5月，杨生淳在朔州市政协二届一次会议上又呈交了《关于清查收归木塔辽代文物的提案》，向朔州市领导大声疾呼，希望能够尽快移交文物。此次提案引起了朔州市领导的重视和过问，但后来却在两个关键问题上（请北京专家鉴定和交出文物库钥匙）与地区文物部门分歧较大，应县宝物归家之路又一次变得前景渺茫。

直至1996年10月6日，各方才达成共识，在山西省文物处、朔州市文体委以及应县代表的监督下，原雁北文物站长张畅耕、左雁，按照移交表上的编号，将木塔辽代文物逐件交还给应县文保所。这样，从1974年1月第一批文物被调走算起，历经22年的坎坷路程，释迦塔所发现并修复的160件辽代秘藏珍贵文物终于“完璧归赵”。

保护方案的争论

2006年9月的一天，应县佛宫寺释迦塔迎来了它950周岁生日庆典。在庆典期间，木塔后的大雄宝殿内展出了“佛牙舍利”及佛教“七珍”等珍贵文物。以“木塔属于世界”为主题的庆典邀请了数十家国内媒体，来自全国各地的1200余名高僧及3万余人参加。这座古老的木塔，从未像那一天那样被世人关注过。

一时间，关于木塔的报道如雪花扑面而来，有媒体把应县木塔与巴黎埃菲尔铁塔和意大利比萨斜塔并称为“世界三大奇塔”，有媒体说它是“最华美的建筑盛放着最罕见的宝物”。但是，木塔的现状和未来却让一些有识之士难以乐观：一座大木塔，经历了950年的风霜雪雨，显然已经垂垂老矣，而随着木塔的声名鹊起，加上近年来的旅游热，每年有五六万的游客登塔参观，难怪有人大声疾呼：大木塔，威乎？危乎！

“应县木塔已经风烛残年，它骨病严重！”建设部文物保护专家郑孝燮先生在为木塔“诊脉”后，得出这样的结论。郑孝燮说，木塔病危表现在“三个加快”。一是各层变形发展速度比以前加快了；二是主要构件的承载能力降低速度也在加快；三是力的分布传递路线改变，各层的稳定性总体向临界推进的速度加快。最让人不安的是，这些指标在近几年的变化超过历史上数百年的总和。也就是说，木塔的大修已经刻不容缓，可是为什么迟迟不能实施呢？

早在1989年，在中央和主管部门的领导下，对应县木塔的维修方案就展开过深入的勘查和论证。两院院士、各级专家、建设部等人员轮番出马，现场勘测，方案论证，一次次讨论，提出了不同的维修方案，而且各持己见，分歧很大。虽然在具体实施方案上难以达成共识，但是所有的人都清楚，必须慎重再慎重。用著名建筑史专家傅熹年院士的话说：“现在木塔像一张破损严重急需要揭裱的旧字画一样，谁

也不敢轻易下水，谁也不知道下水后能不能拿起来？”

提出的方案主要有三种：第一，落架大修，把木塔彻底拆卸，将所有构件有序编号，逐项检修，重新搭装，合成复原；第二，悬吊维修，把三层以上整体抬升，仅拨正维修下面两层，再把上面部分放回原位；第三，现状加固，用现在的钢材木材加固残损部分。

傅熹年院士坚决反对第一种方案，因为这样“木塔的历史价值和历史信息都将丢失”。而身为国家文物局古建专家组组长的罗哲文先生却是落架大修方案的坚持者。工程院院士王瑞珠赞成第三种方案，认为虽保守却较稳妥。而另一位院士江欢成则支持第二种方案，因为木塔的主要残损部分在一、二层，上面坏得并不利害。高空作业专家也对此专门进行了论证，称我国有曾经成功抬升6000吨重量的记录和经验，而木塔只有1000多吨，每层用钢架固定，柱子用软木头固定，实施起来是完全可行的。

从1989年开始论证到现在，20年过去了。专家们对于方案的争论，从保护文物的谨慎来说，或许是件好事情，可是对于大木塔来说，却不能再等了。

应县的佛教文化传统源远流长，新中国成立前，应县当地共有大小寺庙40余座，目前还保存下来10余座。据记载，当地还有许多村就是因寺院而得名。这座近千年屹立不倒的木塔在应县人心中已经成了当地的保护神，每每遇上大风、洪水等自然灾害，应县的老人总能泰然自若地说：“怕什么，有木塔保佑我们呢！”而对于如今的应县人来说，木塔成了应县的象征，也是应县的旅游经济支柱。每年20%递增的参观人流，除了门票收入之外，更为重要的

是拉动了整个应县的食宿行购等消费。这一切都是因为这座木塔以及塔承载的那些宝藏。应县人很明白，虽然因为过于熟悉他们早已失去了登塔的兴趣，但看着大街上来自全国乃至全世界的人流，感受到应县木塔给古老的塞外小城带来的变化。而木塔的守护者和研究者们，除了珍视木塔带来的巨大的现实利益，他们的感情已经跟木塔紧紧结合在一起，太多木塔迷为木塔奔波了一辈子。

最为焦急的恐怕就是这些离木塔最近的人们。木塔必须尽快修，尽早修！这是他们的呼声，“无论哪种方案都会有风险，但是如果方案一直不能出台并实施，后果将不堪设想”，这是专家们的结论。

梁思成曾经把这座塔称为“自然界的宠儿”，而它能不能顺利迎来千年华诞，除了大自然的恩宠和佛牙舍利的保佑，恐怕最重要的就是现代人利用科学技术将要为它提供的有力支撑了。

撰文/易　娜

摄影/王　悦、江　月、梁　铭

沉睡的“通秦古道”

黄河水自北而来，行至大同碛时，骤然变为数十米宽的狭窄水道，且落差加大，在西侧一块巨石上，人们能真切感受到黄河的咆哮。正是这里拍岸的惊涛，成就了左前方不远的碛口这一黄河沿岸的商业重镇。

在吕梁地区中部，有一条从碛口经离石、吴城到汾阳长约150公里的“通秦古道”，明清时期成为连接大西北与华北、中原地带的重要商道，晋商驼队数百年的驼铃声，在这条古道上一直悠扬到1930年代。此后，随着铁路、公路运输的兴起，这条古商道由实线逐渐变为虚线，到如今只剩下人迹罕至而风景独好的零星路段，直至成为现代人凭吊的历史痕迹。

“驮不尽的碛口，填不满的吴城”，这一民间谚语是对黄河码头碛口和吴城历史功能的形象概括——它们是“通秦古道”的重要中转站。这条古商道翻越吕梁山，是明清时期“西货东运”与“东货西运”的交错之地，也是晋商开发大西北市场乃至俄国市场的一条要道。如今，黄河漕运早已退却，古道也已逐渐隐去，但包括“吕梁商帮”在内的晋商，在这里留下的处处痕迹，依然炫耀着这个群体在彼时的无限风光。

黄河边的碛口码头

五月的夕阳，从黄河对岸陕西吴堡县向卧虎山下的碛口古镇照射，使依山而建的明清院落群越发显得古朴。除了贴着黄河偶尔路过的机动车和几里外大同碛湍急的水流，小镇上空渐趋平静。镇子里的许多居民，晚上八九点钟就开始进入梦乡——如果不是那些来往的车辆和旅客喧闹，人们会觉得整个镇子无时不在沉睡。

入夜，碛口客栈昏暗的灯光下，人影晃动，客栈的经理在翻看账单，工作人员在忙碌，不时有外来的旅客进出。这情景，或许与百年前碛口商家在油灯下晃动身影没有多大区别。

碛口当时是口外粮油的集散地，民国时共有油店36家，老油店里至今还有斑斑油迹。这里所说的油，多指麻油。有一种麻油，老百姓用来照明。在民国17年（1928年）之前，碛口的商家与普通百姓一样，多用着传统的麻油灯。移

西湾村，碛口望族陈氏的宅院，至今保存着较完整的清代古院落群。其中有一处四合院，俯瞰院顶，规模宏伟。该院主姓陈，上午十时左右，白姓主妇正在吃早餐，她说晚上八九点再吃一顿，一天两顿饭。

灯时，不管有风没风，总需要用手挡着。这一年，孔祥熙的祥孚公司在碛口设立“义记美孚煤油分公司”，据说公司一开张，便赠送每家大商号一盏带玻璃罩的洋灯，以便源源不断地供应美利坚煤油。按照碛口当时的商铺计算，这样的洋灯连送带卖应不下数百盏。这种灯让古镇亮了很多，而且再大的风也吹不灭。抗战爆发后，该公司被迫离开碛口，煤油灯时代暂告一段落。如今在碛口的旧货店里，还能见到据说是当时用过的煤油灯。

清晨，从客栈后院的窑洞略显潮湿的被子里钻出，拨开吱呀呀乱响的木门，即可见四合院顶的一方蓝天。

碛口客栈所在的院落分前后两院，初建于清乾隆年间，旧称“四和堂”，因四人合股做生意而得名，创立的字号

碛口镇全景。这里1930 年代之前，为黄河沿岸的商业重镇，是当初大西北乃至俄国市场与华北、中原地带物流的重要转运站，也是“通秦古道”的最西端。

为“天聚永”，为鼎盛时期碛口的大油店之一。现在的客栈是当地人为招待游客重建。

出前院门，便是碛口码头，黄河就在脚下。碛口码头有砖石铺就的狭窄通道斜插下黄河河床。码头与碛口客栈只隔着一条三米余宽的沿黄路。黄河水现已退至离码头十余米远处，最宽时约三百余米，但水不深，因为码头很高，而且河中心的河床隐约可见。黄河水自北而来，缓慢流淌，与当地百姓的生活节奏相当合拍；而当河水行至大同碛时，因麒麟滩阻挡，骤然变为数十米宽的狭窄水道，且落差加大，在数里外的碛口客栈，便能见浪花滚滚。从麒麟滩走近大同碛，仍不能体会水流的湍急，而过黄河到对岸一块巨石上，人们才真切感受到了黄河的咆哮。

正是这里拍岸的惊涛，成就了碛口这一黄河沿岸的商业重镇创造的奇迹。

为了“货畅其流”，晋商不断地开辟省时、省力的物流通道。与大西北的商业交往，黄河漕运无疑是晋商青睐的最佳线路。内蒙古、宁夏的商船，可沿黄河顺流而下，经700里长的晋陕大峡谷，直抵碛口。如从包头到碛口，水路1180里，肥水期行船五六天至十多天不等，瘦水期时间则更长。汹涌的大同碛，使千里之外的货物源源不断在碛口附近登岸，再由驼队负载，翻越王老婆岭，经离石（古永宁州）到吴城，在吴城换乘骡马车队，翻越黄庐岭，穿过“三十里桃花洞”，抵达汾阳（古汾州）、太原，远销华北、中原地区甚至江南，这便是“西货东运”。由于溯黄河而上行船不便，自大西北远道漂来的船在碛口多被卖掉，有的拆卸木料建了房；近道从 400 余里外河曲来的商船则由纤夫拉回。因而，所谓的“东货西运”，则部分溯黄河而上至河曲转运，部分由碛口附近的高家塔、下咀头，渡黄河到陕西吴堡岔上镇，循陆路去往大西北。

可以想见，古镇碛口在当初慢商业

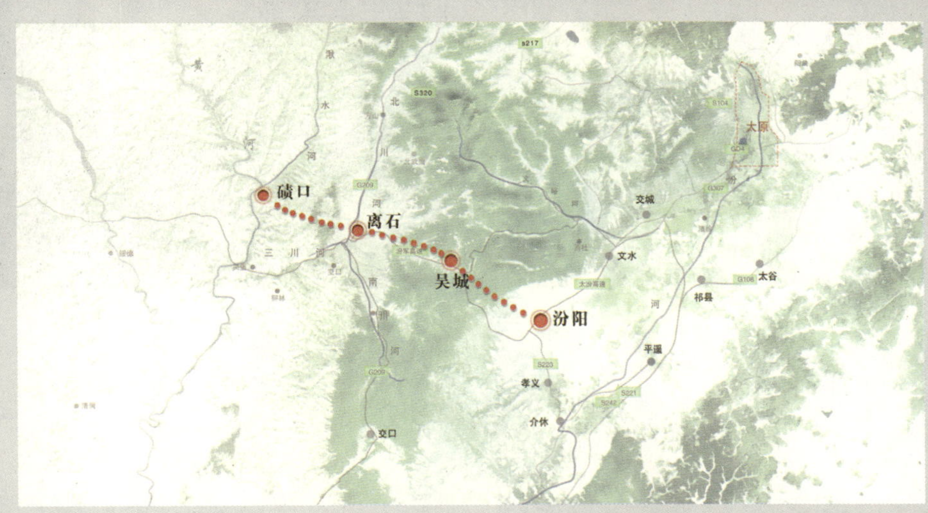

"通秦古道"方位示意图

地图设计：苏洁

循环中的作用举足轻重。它不仅是东西南北货物的集散地，也是晋商商铺、字号密度最为集中的地区之一。

在大同碛，看黄河对岸的碛口古镇，如同一只鸥展翅飞来，欲与大同碛激流搏击。鸥头为黑龙庙；左翼为东市街，沿黄河支流湫水河而建，是骡马店集中地段，又名食店巷，平民老百姓多在此间活动；右翼为西市街，沿黄河而建，多为粮油货栈所在；鸥腹为中市街，是当时碛口的"金融街"，在湫水河与黄河的交汇处，有票号及后来的银行，还有妓院等。1950年代的一场大水，将中市街冲毁，古建现存不多，镇上正规划中市街修复，使三条街道连成一线，再现往昔规模。清末民初，碛口镇的商家发展到了近400户，包括不知名的摊贩，则可达600多户。现存一些旧时的号匾，最早的是"永顺店"，清乾隆十年（1745年）建。

碛口巷道以石铺地，巷道内的居民生活节奏相比城里人似乎刻意用了“慢动作”。

碛口镇上的小店铺，店主人对领导人的崇拜力争面面俱到。

古镇除了三条古商街，依卧虎山而上还有十三条小巷，四通八达，使各商家形成了“关门小天地，开门通百家”的便利格局。这样的巷道格局，不但人流顺畅，也是当年排泄山洪的需要。物是人非，当年的商号铺面早已换了主人。即便这样，由于经历洪灾、土改和“文革”的破坏，很多也已不是当年的原貌。

59岁的高玉宝在碛口码头抽烟，这里的十艘快艇有三艘是他的，专供游人体验黄河之用，几里长的水道，几分钟的时间，便能挣上100元。高的父亲与祖父，都是碛口的铁匠，他自己则放弃了这门手艺——铁匠铺的收益自然远不如紧靠旅游产业。

在碛口上游数十公里处，可乘坐快艇欣赏“水蚀浮雕”，这是黄河水在石壁上的鬼斧神工，大面积奇形怪状的孔、洞、凹、凸让人觉得是人为的艺术品。高玉宝说，黄河上游修了水库之后，水就小多了，最近一次大水位发生在1976年，水没到了碛口岸上。如今的

李家山，去碛口不远，是画家吴冠中曾经的“三大发现”之一，现成为美术系学生的重要写生基地。这里曾经的主人，也是碛口大贾。

黄河，坐轻便的快艇都时常会在河中搁浅，可以想见，深藏于黄河水中的“石雕”，旧时黄河漕运上的大木船，是欣赏不到的，或许它们也无暇欣赏。

它们看不到的，还有水蚀浮雕之上，沿黄公路奔忙的大货车以及正在修建的太中银铁路——正是公路和铁路运输的兴起，终结了黄河漕运的历史使命，也终结了碛口的历史使命。1920年代至1930年代，京包铁路和同蒲铁路的相继建成，使碛口走向衰落；日军侵入山西，碛口的商业更是雪上加霜；1950年代的公私合营，晋商最终走向消亡。自那以后，在碛口及周边，留下的只有那些晋商老字号和老商铺，还有散落在离古商道不远的几处晋商古村落。

吕梁商人的骆驼队

在碛口对面薛家塌村，沿黄河岸去大同碛时，赫然见一块大石从黄河里露出的三个突起部位，像极了一峰在黄河水里摆头回望的骆驼。

吕梁商人在通秦古商道上，最得力的运载工具就是骆驼队，其次为骡马车队，这些看似慢悠悠、实则代表了当时“低碳高效”生产力的家伙被当地人称为“高脚”，十分贴切。特别是骆驼，由于性情温顺，免疫力强，便于管理，最重要的是肯卖力气，载重300余斤，日行可达80里，在商人眼里，无疑具备

这里的百姓生活习惯，还延续着一贯的慵懒、简单和节约。
很有一种不知道时光是被当地人拉长了，还是被城里人缩短了的疑惑。

“优质员工”的特质。1960年代，高玉宝还在碛口见过驼队运输的情形。

在碛口东市街，有专门经纪运输的驼店，每数十峰组成一队，从这里出发到西市街货栈上货。其中每五六峰一链，最后一峰鞍架上挂一尺多长的驼铃，走在前面的驮工根据驼铃声掌握驼队的运行状况。驼队经离石到达吴城，大约需要三天时间，每天的工作就是清晨装货、行进、晚上卸货、侍候骆驼歇脚，日复一日。悠扬的驼铃声，在这条古道上来往，承载了晋商的发达与兴旺，也承载了“货畅其流”的使命。

如今在碛口，只能找到驼铃，早已没有骆驼的踪影。代替它的除了火车，还有不同载重量的机动车。从碛口到离石的柏油公路上，标记着“限载15吨、外挂20吨”字样——一辆载重 15 吨物资的货车，相当于 100 头骆驼的运量——“低碳运输”，被车轮碾得粉碎。现代化的交通网络日新，支撑着天南地北的物流，也不断在擦去古道的痕迹。

不过，这里的百姓生活习惯，还延续着一贯的慵懒、简单和节约。很有一种不知道时光是被当地人拉长了，还是被城里人缩短了的疑惑。

早上七点多钟，碛口镇内惟一的

碛口镇里的古玩店，从店里很多当地人用过的老物件，还可以想象那时人们生活与劳作的情形。镇上的老人，常在这里找乐。

小学响起了铃声，一群小学生打打闹闹飞奔而出，原来是下课铃。这所学校设在一个小四合院内，是一所“完全小学”，但总共也就几十个学生，一名老师。当地人介绍，学校早六点上课，八点半放学回家吃饭，加上晚上九点左右再吃一顿，一天总共两顿饭，据说当地人的生活习惯一直如此。

在碛口的古巷内，以老人和小孩居多，在家的青壮年都在镇上做着跟旅游相关的生意，深巷内的生活节奏十分缓慢。这里的狗也多在睡觉，到处都能看到狗的各种夸张的睡姿，或躺或趴、或四仰八叉，任调皮的小男孩拖拽，如面皮一样挂在台阶上，只哼哼几声，便继续睡去，一如超现实主义画家达利（Salvador Dali）的名作《记忆的永恒》那些钟表流淌的姿态。

通秦古道上的村镇

古道所经之处，商街仅以碛口保存最为完整。其他市镇如侯台镇、樊家沟、吴城镇等，保存相对更完整的则为近处曾依附这些市镇的晋商大贾院落，因这些院落大多处于深山谷地。

侯台镇与碛口，被当地人形容为扬州与上海的关系，侯台镇从前是比碛口

这所带木栏杆的老宅曾是镖局。在碛口的商业史中，镖局举足轻重。当地人说木栏杆是防盗用的，栏杆上挂有铃铛，算是早期的警铃吧——可是到镖局偷窃的盗贼一定需要比镖师更好的武功。

84岁的盲人老艺人张树元很健谈，他到家对面的台阶上休息的时候，可以断定经过的街道上哪里有积水。一听我们对他的艺术感兴趣，便抱起了三弦小唱了一段：“我们都是来自五湖四海，为了一个共同的目标走到一起来了……”

傍晚，黄河水的柔情。碛口镇下的黄河岸边，一位农妇在挑水浇地。

更重要的集市，黄河漕运兴，侯台镇便逐渐失落，直到湫水河一场大水，将这里的商家都冲到碛口，如今只有村名。西湾村是碛口巨商陈氏的宅院群落，在碛口以东二里处，侯台镇与碛口之间的湫水河畔。以其在侯台镇以西，而得西湾之名，足可见侯台镇当初的“名望”。

据《陈氏家谱》记载，大约在明朝末年，陈氏家族的陈先模（字师范）兄弟迁到碛口，老大住寨则坪，老二住西湾村。后陈氏成为碛口望族、晋西首富，碛口的商业史，与陈氏家族密不可分。于是，西湾的风水，便被当地人说得很玄妙。这个村落以清代建筑为主，另有一些明代遗存。与碛口的古建一样，西湾村依山向上层叠而建，居室为窑洞，下一层的顶，为上一层的敞院。整个格局立体感很强，是典型的晋西民居，同晋中的晋商大院平面扩张明显不同。整个村落有40多座宅院，从前为村墙围护，只留三道门通往外界。内部格局主要以五条纵向的巷道通往最高处，代表“五行”，横向则有小通道，串通各院。

五巷中的木巷，为保存最完好的一条巷道，共有四层，第一层为陈氏商号的经理住宅，二层为东家院落，三层为待客的望月楼，四层为绣楼，楼顶还建有小姐的“望夫楼”。有意思的是，经理院落陈设十分考究，而东家院落则相对俭朴得多。

现一层住户为陈志春，60岁，与正在维修的二层住户闫大妈均为陈氏家族成员。闫大妈正在用小铁锤在一块油黑的条石上锤打一大堆黄豆，将其锤成小圆片。黄豆是煮熟晾干的，锤扁后与小米一起熬成粥状，有的还放适量南瓜，当地人称“小米钱钱饭”，也许因为黄豆圆片形状像铜钱之故。这是他们常吃的一种食物，只是这“钱钱”的制作过程实在太慢，一大堆黄豆，一锤只能打两三颗，时光就在这个过程中被拉长了。这样的画面要是放在大都市里，显然是极不协调的，但在这里却极其自然。

这样的画面，在李家山、孙家沟也常能见到。

李家山，因被画家吴冠中入画而名扬海内外。据《李氏家谱》记载，李家山李氏也为碛口大贾，其中养骆驼、跑旱路运输即是经商手段之一。这里的古院落，大部分窑洞都有不同程度损毁。当地百姓说，前年的一场大雨，又塌了几眼窑洞。现在只有一些老人守着老屋，另有几处大宅院经营着旅馆，供游人和写生的美术系学生吃住，每人每天全部消费35元。

三交镇，也是通秦古道系统里的一个重镇，“商贾往来，必出其途”。镇内的孙家沟建于山谷，保存有该镇商业精英的院落，其中的王恩润宅，为13小院组成的大宅院，为山西最大的四合院。村中民居保存相对完好，有涓涓溪流自山上淌下，为古村“加湿”，使这座晋西黄土山谷的古村落独具灵气。村中老汉在溪中捣衣，80多岁张老太在窑洞里将所有旧毛衣拆线，准备重复利用。孙家沟的宅院古朴简陋，但村人生活似乎很平和、富足。

“闹市”离石

从碛口开车去离石区，约45公里，车行一个多小时，走的都是平整的柏油路。一路上大车呼啸而进，赶时间的客货车从旁超车。在骆驼运输时代，数十峰的驼队翻山越岭，蜿蜒蛇行，驼铃悠悠，从碛口到离石需要一天半到两天时间。除了中途歇脚、卸货，应不会有争先恐后的现象，但时间都在商家的掌握之中。

离石在明清时期曾名永宁州，唐《元和郡县图志》载“（离石）县东北有离石水（今北川河），因取名焉”。

如今的离石城，已完全不像一座古城，城区遗留下的只有东川河北的凤山道院和城南南关等少量历史遗存。当地老人介绍，在1958年时，离石老城仍有15米高的老城墙围护，那时最宏伟的建筑为文庙大成殿，被大小不等的老式院落簇拥。那时的老城小而残破，但其独特的味道，老人们记忆犹新，后来者则只能在老照片和故纸堆里找寻老城的印记了。

处在樊家沟与冯家会之间的土林，是这里的奇景，因泥柱上的石块保护而被雨水冲刷形成，不过最雄壮的一根已经坍塌，其余的保护难度也很高。

据史料记载，离石战国时为赵之离石邑，后置县，亦曾名石州，自明隆庆元年（1567年）始称永宁州，民国3年（1914年）复改为离石。离石是通秦古道的重要一站，那时从碛口与吴城之间穿梭的驼队，都会穿城而过。离石城内在民国18年（1929年）时，仍有天顺德、义聚和祥记等商号200余家，集镇有商号720家。这里与碛口、吴城物流转运中心地位不同的是，其本身与汾阳一样，同时也是重要的商品集散地，碛口、吴城之间来往的货物，在离石必然会消化一部分。

领头的“载”着一条船，时缓时急地穿梭跑动，后面数十人跟着，如蛟龙一般，来回穿插。这是离石本地一种跑旱船的秧歌，旁观的人介绍说也叫“跑红火”，模仿黄河水流，节奏随着唢呐声和锣鼓点变换着缓流和激流。

离石的夜景。离石北城区自东川河、北川河沿岸一直建到凤山山坡，由新高楼而旧平房，由旧平房而老窑洞，层次分明。

现离石城区，为吕梁市政府驻地，地处吕梁山脉中段西侧。城区内东川河、北川河交汇，注入三川河柳林段，西去黄河；307国道、汾军高速穿城而过，与国道209、省道340、大小乡道编织成密集的交通网络。

抵达离石时，天已经黑下来，但灯光将这座城市照得很光鲜。从“凤山道院”天贞观俯瞰，建在山谷地带的离石城区大部分可收入眼底。北城区自东川河、北川河沿岸一直建到凤山山坡，由新高楼而旧平房，由旧平房而老窑洞，层次分明。城市南沿，汾军高速穿山而过，现代化的运输工具往来穿梭。离石城南区域高楼拔地而起，主街车水马龙，步行街人流行色匆匆，与其他现代化城市别无二致。

从连续的古村落探访，来到离石，缓慢下来的心境又被城市的喧嚣激活。

5月20日清晨，离石世纪广场上聚满了上千市民，正在进行各自喜爱的锻炼。如今中国每座城市都有大规模的晨练，但如此多的市民聚集一处，而且各玩各的，互不影响，还是很少见。其中有两队穿红着绿的群体，领头的“载”着一条船，时缓时急地穿梭跑动，后面数十人跟着，如蛟龙一般，来回穿插。这是离石本地一种跑旱船的秧歌，旁观的人介绍说也叫“跑红火”，模仿黄河水流，节奏随着唢呐声和锣鼓点变换着缓流和激流。如今的黄河水尽管小了很多，但黄河过去的样子，还在离石人心中激荡，并以这种特殊的形式向世人传递。

从一家大饭店的六楼会议室俯瞰世纪广场，人群熙熙攘攘，颇为壮观，也十分热闹，市民的放松活动一直持续到上午九点多；会议室内的人们则紧张不安，面色凝重，原来这里是交口县道路土方工程开标，各方都在等待开标结果。

物流不息，修路不止。

“填不满的吴城”

吴城自古便叫“城”，后来为“镇”，如今，它的老街叫“街上村”，这样的沿革，基本体现了吴城老街历史角色的转换。新的吴城镇，紧靠307国道和汾军高速，而老街静静地躲在了新镇身后。

吴城因战国时大将吴起在此修筑驿城而得名，自古便是军事要塞。当地传说闯王李自成从陕西打到北京，走的便是这里；又说宋代杨六郎战死在吴城不远的黄庐岭；日军入侵晋西，经过这里时遇当地军民反抗，而制造了“九里湾惨案”。

吴城处于吕梁山中段山口，黄庐岭和薛公岭脚下，为通秦古道的必经之地。西去离石、碛口，东去汾阳、太原。由于这条通道上的货物不间断地来往，客商下午在吴城完成交易，第二天天不亮就被运走；午后驼队骡马车队又将货物源源不断运来，完成交易后第二天天不亮又被运走。当地人只见货来，不见货出，因而才有“填不满的吴城”之誉。

镇上的村民张福海老人，今年72岁，对吴城的过去熟记于心。除了偶尔挠头皱眉回忆一下，他能将镇上现存二三里地的老街两边的字号顺口说出。问及驼队，张福海老人说1960年代吴城还有，早先街上有好几家大的驼店，最大的一家叫月生店，有100多峰骆驼。史料记载，吴城古镇上最多时有24家大小驼店，还有30多家骡马店，最大的月生店自养骆驼18槽，每槽6峰，总共108峰，每天都往返碛口运粮及其他物资。最盛时期，碛口往来吴城每天的骆驼不下千峰。

民国10年（1921年），太（原）军（渡）公路的开通，使得从离石老城到吴城时间缩短，吴城老街更加拥挤。后来铁路的修通，吴城老街才开始步入萧

从一家大饭店的六楼会议室俯瞰世纪广场，人群熙熙攘攘，颇为壮观，也十分热闹，市民的放松活动一直持续到上午九点多；会议室内的人们则紧张不安，面色凝重，原来这里是交口县道路土方工程开标，各方都在等待开标结果。

吴城老窑洞里，镜中人的对话。

吴城老街道保存最完整的是新中国成立后的银行旧址大门，这里20世纪六七十年代为公社所在，后陆续改为医院、信用社，“中国人民银行”几个大字保存完好。

条；日军的入侵，吴城老街走向衰落。

鼎盛时的吴城老街自东向西延伸2.5公里，街北宅院也是依山而建，街南商铺后曾经有河。在这里经商的以临县、平遥人居多。张福海老人介绍，东头的第一家商铺叫德源盛，为酿酒作坊，东家姓陈。陈氏在约100年前，便将作坊卖给了刘姓家族，刘家一直住到现在。主人刘老汉说，从他爷爷开始已住在这里，那个姓陈的东家是平遥人，放弃酿酒之后到街上经营百货，日本人来了，百货也不干了，回了平遥。

经过一家骡马店旧址，接着是一家叫德胜成的糟坊旧址，这所宅院是现在的主人20多年前花4000元买下的，由于买的时候窑洞已经残破不可用，于是在老窑洞前直接接出新窑洞。

只有在这黄庐岭上，才能看到最后的“通秦古道”。永宁州与汾州在黄庐岭的分界点，永宁州说以此石门洞为界，而汾州则认为是以西去数百米的界碑为限，边界的分际，始终是一个容易模糊的焦点。

老街的宅院基本都经历了这样的转手进程，在老店铺遗址上，不断翻新，使得老街越来越像一座村庄。只有少量临街的老房子还可显示这里从前的商业氛围，其中保存最完整的是新中国成立后的银行旧址大门，这里20世纪六七十年代为公社所在，后陆续改为医院、信用社，“中国人民银行”几个大字保存完好。

整条老街上的房子大多早已残破，或由现在的主人新建居室、小院，字号标记也荡然无存。吴城老街名称与实物的变迁，是吴城历史变迁的缩影，那些具体而微的记录，都深藏在张福海这样的老人脑海中，有的已经整理，有的则还未挖掘出来。

由吴城去汾阳，中间要翻过高高的黄庐岭，这也是吴城成为古代物流中心的原因之一。

翻越黄庐岭

自吴城往东不远，便是黄庐岭，这里是通秦古商道上的最高点，海拔1800余米。

西来的物流，由驼队运抵吴城交易，第二天天不亮，换乘轻便的骡马车队翻越黄庐岭去汾阳。当地老人说，因黄庐岭为永宁州（今离石）与汾州（今汾阳）旧时的界线，除了地广人稀，时常还有匪徒趁夜打劫，客商夜间不敢翻山，只有在吴城住宿，天亮后越岭。

山脚有一村庄，有几处村舍建在高处，一株山梨树屹立村头，满树的白色山梨花绽放——村妇说，今年气候反

半截已入土的古碑。它所传递出来的有形或无形的信息，可以让游客好奇，也可以让考古人士长时间品味。

常，五月里还比较冷，所以梨花开得晚，往年早就结果了。

车行至半山，路窄，越野车也不便前行了，正好徒步“穿越”。

自碛口一路东行，黄庐岭是最令人心旷神怡的去处。这里植被丰厚，覆盖严密，看不到西北典型的黄色，倒是绿得有些灵秀。山地偶有黄牛悠然吃草，看到几只“野鸡”飞过，后来才知是褐马鸡，国家一级保护珍禽。除了我们几个探访者，再没有别人。

脚下的路，为土石路，其中散落的大大小小的黝黑石头，及两条下凹的车辙，显示这条路修建年代的久远。这条路，便是从吴城到汾阳的骡马车队来往的通道之一，翻越整个黄庐岭，为通秦古道中保存最为完整的路段。现在，这里成为一条适宜城里人徒步穿越的通道，不仅因为一路上的怡人风景，更因为这里曾经的商业物流史。

临近山顶，有两块界碑，大的那块刻有“永宁州东界碑，嘉庆丙寅岁春月”，另有一块小界碑，有“汾阳立，1997年”字样。小界碑显得更苍老，破损严重，连内里的钢筋骨架都露了出来。嘉庆年间的界碑则傲立山头，经年累月的冲刷，字迹仍显得很新。界碑下，是一堆堆黄牛粪，想来这里是黄牛集会的去处。其中有一块包衣，显示这里有新生黄牛出生，只是不知在州界出生的牛犊，是汾阳籍，还是永宁籍。

登上黄庐岭山顶，有一座山石垒成的门洞，顶已塌，门洞就在永宁州与汾州旧时的州界线上。当时的骡马车队过了门洞，便进入汾州境，放眼望去，同样是林木森森，只有一条羊肠小道时隐时现，在山中穿行，这便是通秦古道上的“三十里桃花洞”了，“洞”其实说的就是这山道，是古时清爽的“隧洞”，因山道两侧均为盛开的山桃花而得名。出“洞”不远，便到汾阳城。

汾阳城，旧称汾州城，与碛口遥相呼应，彼时从大西北顺黄河而下，经碛口、离石、吴城的货物，到汾阳后，又将开始它新的征程。

撰文/盛立刚　摄影/王　牧

天降灵石

东汉《风俗通》："灵者，神也。"

《广雅》："灵，善也。"

《说苑修文》："积仁为灵。"

灵又是对天、地、日、月等的尊称。

灵是梦境里燃烧的火，飞行的能量，暗夜里的呼吸，不用对视也不能说出的话语。

一块补天之石，通灵宝玉，演绎出一部虚幻的《红楼梦》；另一块补天之石，灵石，诞生了一座现实中的城。

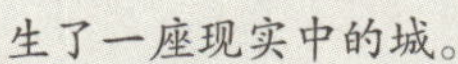

站在凤凰彩背上鸟瞰王家大院。

灵石因隋文帝赐名而名传千古，因其不同寻常而富有神奇色彩。相传灵石县城的原状是一艘大船，“灵石”则在桅杆处，按其地形，滔滔汾水北来，大船必覆，但因灵石能“镇水灾，捍城垣”，“显灵秀之气”，水即蜿蜒南下。灵石确有许多奇妙之处，天要下雨，灵石便会变得潮湿。又传每当夜阑人静，伏在灵石上能听到汾水潺潺流动的声音。

资寿寺明代十八罗汉彩塑。

一块石头“诞生”的一个县

灵石是大有来历的。

传说女娲补天的时候，把剩下的一块黑色石头随手扔到当时的晋阳湖里。后来晋阳湖湖水被大禹疏通以后，石头仍然寂寞地躺在晋阳湖底。“无才可去补苍天，枉入红尘若许年”。这种寂寞多年以后被一个皇帝打破了，石头得以重见天日。

这个皇帝是隋文帝杨坚。

隋开皇十年（公元590年），文帝杨坚率文武大臣乘舟沿汾河北上巡幸晋阳。出霍州不久，进入汾河弯道处，峰回水曲，河床多积石，龙舟无法前行。隋文帝命人傍汾开山取直，在汾河谷地发现一块巨石，高六尺，宽六尺，厚七尺，遍布孔洞，有文书其上“大道永吉”。文帝惊奇不已，认为

天外来客灵石。

是天赐祥物，日后必显灵气，割介休西南地与霍州北地置县，赐名“灵石”，以石命县。

灵石因隋文帝赐名而名传千古，因其不同寻常而富有神奇色彩。相传灵石县城的原状是一艘大船，“灵石”则在桅杆处，按其地形，滔滔汾水北来，大船必覆，但因灵石能“镇水灾，捍城垣”，“显灵秀之气”，水即蜿蜒南下。旧时，由于种种说法，灵石被当地百姓尊为“神石”，逢年过节，附近乡民纷纷前来礼拜，祈求好运。而灵石确有许多奇妙之处，天要下雨，灵石便会变得潮湿。又传每当夜阑人静，伏在灵石上能听到汾水潺潺流动的声音。

灵石原来位于吕祖庙，庙被拆后灵石人建了天石公园。1985年灵石人将天石放置在一个高台上，上面修筑八角灵石亭。两侧楹联：县以石名，石因县灵，隋皇圣明置斯邑；山为人美，人缘山秀，苍天钟情惠吾民。

日军侵华期间，一个叫山口大荣的军官想把天石运回日本，命令士兵连挖数日，据说怎么也挖不到石头底部，日军只好作罢。

这被当地人视为珍宝和吉物的天外来客，是来自苍穹的陨石，含铁量达96%以上，几乎是一块纯铁，是全国第二大铁陨石。如今，许多地方被抚摸得光滑锃亮，据说抚之可以沾染灵气。更有当地情侣们围绕着它拍摄婚纱照，这神秘的天外来客总给人以天长地久的感觉。

也许天石还决定了灵石作为一个县城的“德”。如明万历《灵石县志》这样描述灵石人的性格：温恭克让，好谋而深，和而不怒，此尧之遗风也。

灵石县位于山西省中部，太岳山屹立在东，吕梁山雄踞于西，同蒲铁路、大运公路与汾河纵贯南北，结伴平行穿境而过，是华北通往西北的交通咽喉，自古即秦晋要道。境域东与沁源县毗邻，西和交口县接壤，南临汾西县、霍州市，北连孝义市、介休市，东西长54公里，南北宽39公里，总面积1206平方公里。阴地、冷泉两关扼雀鼠谷之南北，韩信、秦王二岭控汾水关之东西，山高水深，沟壑纵横，地势险要，易守难攻，历来为兵家必争之地。

灵石兵气重，地理位置决定了灵石必须“隐”。

灵石县城安静地站在静升河与汾河交汇处的岸边，三面环山，东高西低，走近她，才会发现她：县城也是隐在山谷中的。灵石很少有大片平整的地方，建筑大多依山势而建，王家大院、夏门古堡，莫不如此。包括灵石最大的公园翠峰公园，也被挤在山顶。

灵石，这块天赐的吉地，所有隐秘的美好的事物都在此聚集。

这一切都不是想象。曾经的灵石人生活在那样一个年代，青铜白银是日常器物，屋顶是舒缓的飞檐，院子有各种各样的神龛，村子里就有庙宇，山上是绿色植物，路上还有行侠仗义的好汉。

天降灵石，灵动一方。

一座和长寿有关的寺庙

释本来和资寿寺颇有渊源。据碑刻，资寿寺清朝有个僧官法名祖来，之前，释本来住过的一个道场有位僧人法名远来。资寿寺作为道场，让人放松和安静。如果有时间，释本来会泡一壶功夫茶，和来客边喝边聊。如果有游客，工作人员会到后院禅房找释本来，一路大声喊着：本来。本来。本来。

摄影师给郭成保先生拍照时，惊异地发现，郭先生和注茶半托迦尊者，即“小路边生”面部轮廓惊人地相似。

资寿寺位于灵石县静升镇苏溪村，俗名苏溪寺。资寿之名，源于“祝帝道以遐昌，资群生于寿域。”创建于唐咸通十一年（公元870年），重修于宋咸平二年（公元999年）。金代末年，因山林失火致毁，元泰定三年（公元1326

十八罗汉彩塑局部。

自从发生罗汉头被盗事件后，资寿寺配备了十八名工作人员，夜里有工作人员牵着大狗巡逻。1993年12月25日晚，寺内十八尊罗汉头一夜之间全部被盗，流落海外五年后，由台湾震旦集团董事长陈永泰先生以重金购得并无偿捐赠回大陆，十八罗汉得以重附金身，再现真容。今年（2009年），恰是罗汉头回归十周年。

年），在一位名叫法海的远道僧人倡导下，由乡民重建。明成化至正德年间又进行过大规模修葺，现存建筑多为明代重修。当地老百姓的说法是资寿寺所在苏溪村形似卧牛，却少了牛角，于是请风水先生找风水宝地修建了这座寺庙，恰似给卧牛安上了牛角。

释本来每天下午六点前要和工作人员巡庙一遍。自从发生罗汉头被盗事件后，资寿寺配备了十八名工作人员，夜里有工作人员牵着大狗巡逻。1993年12月25日晚，寺内十八尊罗汉头一夜之间全部被盗，流落海外五年后，由台湾震旦集团董事长陈永泰先生以重金购得并无偿捐赠回大陆，十八罗汉得以重附金身，再现真容。今年（2009年），恰是罗汉头回归十周年。

资寿寺有三宝：壁画、藻井、彩塑。

资寿寺的壁画是我国现存明代壁画

资寿寺彩塑。

左图：资寿寺四大天王殿顶的琉璃装饰。
右图：资寿寺药师殿藻井。

中的精品。大雄宝殿东西山墙、弥陀佛殿西山墙壁画可为代表。大雄宝殿东西山墙壁画总面积68.21平方米。东壁绘东方三圣，画面中尊为药师佛祖琉璃光如来。整组壁画气势宏阔，色彩富丽。西壁画故事内容为“帝后礼佛图”，整组壁画内容丰富、法界广大。人物丰满颜慈，着色浑厚，工笔重彩，豪放流畅，一气呵成。弥陀佛殿东西山墙原本均有壁画，现东壁已全部毁坏，只剩一堵白墙。西壁壁画面积 29.95 平方米，为明代水陆法会，出场人物达 170 多位。众人物表情丰富，衣饰流畅，身形有致。

如果不是有人指点，资寿寺的藻井很容易被忽略。药师殿顶两侧用80块正方形天花板装顶，每块天花板上都绘制有彩色团形草花卉图案，一板一药，一药一形，看上去相似，却无一雷同。藻井由古代穴居建筑发展而来，洞穴中的先人为了出入、采光和通风，便在洞顶开一个洞。中国古代把墙上的洞叫牖，称屋顶的洞为窗。后来人们走出洞穴有了地上建筑，穴居中的“窗”就演化成了没有实用功能的藻井。在古代，只有皇家建筑和寺庙才可使用彩藻。在一个乡村小庙有这样的藻饰，也属罕见。

说到资寿寺的彩塑，不能不提一个人：郭成保。郭成保是苏溪村村民，家距资寿寺仅百步之遥，今年66岁。从小就在寺院里玩耍，熟悉资寿寺的一草一木。当时邻家住着一位老人，做纸扎，郭成保爱到他家看他描描画画。老人什么都画，因无儿无女，他要郭成保做徒

资寿寺傅山所题“山林野趣”。

资寿寺大雄宝殿的明代壁画。

弟，郭成保欣喜答应。老人多次领郭成保去寺院，神像怎么塑，壁画怎么画，坏了怎么补……。资寿寺的碑碣中查得到师父和师父的师父的名讳，师父是正传十三世，郭成保就是十四世了。师父20世纪60年代初病逝。20世纪70年代初，郭成保又拜下放灵石的著名版画大师力群学习版画。直到40岁，郭成保才真正有机会做雕塑。

对于家家供观音、人人拜菩萨的苏溪村人来说，宗教从出生就伴随着他们。苏溪村60岁左右的人，名字大都是资寿寺的僧人们给取的。当地人还有一种观念，成物者不可毁。资寿寺四大天王殿的塑像，“文化大革命”时老百姓用柴盖上，塑像得以保存。说到当初几个盗取罗汉头的歹徒，当地人会强调，我们每天拜菩萨，怎么会盗取罗汉头呢？几个歹人都是外地人。

在摄影师给郭先生拍照时，惊异地发现，郭成保和注荼半托迦尊者，即“小路边生”面部轮廓惊人地相似。郭先生笑着说，大概我和这位罗汉有缘。同时也印证了一点：十八罗汉彩塑以现实生活中的普通百姓为原型，充满了强烈的乡土气息。苏溪村的村民戏说郭成保是第十九罗汉。

我在一个炎热的夏日午后走进资寿寺，步入三大士殿，看到了传说中的十八罗汉，他们环列三大士旁，个个栩栩如生，神情自若，看不出有修复的痕迹。归来十年，他们安坐在资寿寺。

王家大院石雕墙基石“五子登科”。

据资寿寺碑碣记述，从明成化三年到正德十六年，即公元1467年至1521年，资寿寺进行了大规模的修复工程。担任“大木作头”即总工程师的是静升镇的王得才、王得云兄弟，“丹青”即彩绘师是当地的曹耐、曹代、曹纪荣、曹纪芳兄弟子侄。几乎所有的修复工程都是当地的民间匠人完成的。当我们在一个山区小县的村庄看到这些让人叹为观止的宗教艺术时，不能不对我们的先人生发怀想，怀想属于他们的时代，怀想属于我们的艺术。他们怀着心中的佛，一刀一笔，一点一滴，十几年，几十年，一生，乃至祖祖辈辈，给我们留下了这些需要用心去膜拜的艺术。

栖居在凤凰彩背上的王家大院

王是一个姓，姓是半个国。家是一个院，院是半个城。

灵石县历史上四大家族之一的静升王家，为太原王氏后裔。遗存于当今的王家大院先后建于清康熙、雍正、乾隆、嘉庆年间，1997年8月18日以“中国民居艺术馆”正式开放的高家崖建筑群，建于嘉庆元年（1796年）至嘉庆十六年（1811年），有院落 26 座，房屋 218 间，面积 11728 平方米。1998 年 8 月 18 日以“王氏博物馆”正式开放的红门堡建筑群，建于乾隆二十七年（1762 年）至乾隆五十八年（1793 年），有院落28座，房屋540间，面积达19800平方米。高家崖、红门堡两组建筑群东西对峙，一桥相连，皆为黄土高坡上的城堡式建筑。堡墙高耸、堡门森严。红门堡最高的堡墙28米。红门堡以内部相通之甬道呈现“王”字格局，巧妙地将姓氏和前辈对子孙加官晋爵的热望寄托其中，同时暗隐龙的形状。

王家大院养正书塾石雕门框“岁寒三友”。

庞大的王家大院现在被开发的区域不到5万平方米，仅仅是其五分之一，但这足以让来者发出浩叹。王家最盛的时候有多少商号？据不完全统计，有492家，分布在全国各地。主要经营粮马盐茶、棉麻、杂货、典当、钱庄、古玩、药材，还有丝绸。

早在明清以前，静升镇就形成了一条横贯东西的五里长街以及九沟八堡十八巷的民居风格。静升镇西邻汾河，东接绵山，北靠黄土坡岭，只有南面是一小片平原。静升北面的黄土坡地，有凤凰台、鸣凤塬、栖凤塬、凤鸣岗等吉地，九沟由长街北上，分别与上述吉地相接，犹如九只凤凰聚鸣归昌。凤凰有德。《山海经》说，凤凰全身羽毛皆成文字，首文曰德，翼文曰礼，背文曰仁，腹文曰信。九沟十八巷，王家占了五沟五巷，迈上王家大院制高点，相当于登上了凤凰的彩脊。

去王家大院那天大雾，近处不见人影。司机一上公路即打开大灯。盛夏里起了许多凉意。我们只能在这里参观几个小时，可那些积二十一代人的财富，繁华富贵了八代修起来的大院，岂是几个小时能了解的。

站在高处会发现，那些飞檐下的房屋像是一只只大鸟，随时都要起飞。

太阳出来，大雾散去，突然觉得世界如此清明。每一只瓦当都可以对视，房顶那些兽也仿佛在做着鬼脸。

与其他大晋商大院不同的是，王家大院更加注重建筑细节，以砖雕、木雕、石雕所谓“三雕”闻名于世。在题材内容上，有宦海之家的官气，有书香之家的雅气，有儒释道的仙气，还有尘世生活的俗气。如高家崖堡王汝聪大门外的砖雕影壁“狮子滚绣球”，大狮小狮喻太师少师、官位显赫之意。如高家崖南门堡内垂花门花板上有木雕“佛教八宝”，绿门院廊心抱框墙上的“四爱图”。而极具生活情趣的“鱼穿莲”木雕窗棂系列，往往安置于少爷们居住的东西厢房，是一种隐隐约约的性教育。当地民俗一直有在结婚时的洞房内张贴“鱼戏莲”剪纸。

养正书塾的门框是“岁寒三友”，四块青石雕成，上为喜鹊登梅，下为寿石盘根，三友中突出的是竹子，出土先有节，凌空更虚心。导游这时候都会给你讲个典故：20世纪80年代，一个南方商人拿一辆红旗轿车换这副砖雕门框，被当时住在书院里的农妇拒绝。

绣楼一般位于东西厢房的楼上，登上绣楼的台阶数刚好是女孩子待字闺中的年龄。高处的绣楼可以看到更多的屋檐，那些像心事一样起起落落的屋檐。高高的绣楼让她们能更高于俗世，是长辈们的隐隐期盼。

王家大院还珍藏着两件稀世之宝。一是《大清万年一统天下全图》，形似一只卧牛。装裱成八条卷轴，方便携

王家大院木雕翼拱。

王家大院凝瑞居。

带。目前，只有故宫和王家大院有。一是清光绪年间慈禧西逃时留在王家的一张组合式红木雕花“龙凤床”，被视为王家大院的镇宅之宝。两件珍宝均为王氏后人捐献。

在此之前，我们还在一个夜里探访过王家大院，并不是想象中的大红灯笼次第亮起。游人散尽，夜里的王家大院迅速地沉入黑暗中，那些孤独的飞檐也沉入寂寞中。那些白天里游人支撑起的繁华热闹随着大门关闭而变得分崩离析。这时候，它真的成了标本。

既然凤凰全身羽毛皆成文字，并且背文曰仁，栖居在凤凰脊背上的王家大院正应了一个“仁”字，也就是善和施。而这几乎是静升古镇名字的暗喻。

静升古镇与介子推

静升古称“旌善”，坐落在绵山脚下，依山傍水，一条五里长街横贯东西，九沟八堡十八巷散布于北山之麓。错落于小水河畔的王家大院、文庙和文笔塔等古建筑群，是静升古镇悠久历史文化的见证。现存大大小小的店铺、典

当行、水井、石板小路、戏台等依稀可见当年古镇的繁华。

在灵石，不得不提的一个古人是介子推。这位被烧死的隐士深入地影响了灵石人的日常生活。

介子推，重耳微臣，后人尊为介子。春秋时期，晋献公宠幸骊姬，公子重耳避难奔狄，逃亡时经常食不果腹、衣不蔽体。有一天重耳都快要饿死了，介子推找了个僻静处，把腿上的肉割了一块，与采摘来的野菜煮成汤给重耳喝。重耳知道真相后大受感动，称有朝一日要好好报答介子推。逃亡19年后，重耳一下子由逃亡者变成了晋文公。重耳大大赏赐逃亡时的追随者，独忘了介子推。介子推不以为意，认为忠君的行为发乎自然，于是隐居绵山，成了一名不食君禄的隐士。晋文公得知后亲带人马前往绵山寻访，竟无处可寻。有人出主意烧山逼出介子推。不料大火烧了三天，介子推还是没有出来。后来有人在一棵枯柳下发现了介子推母子尸骨。晋文公悲痛万分，命人葬介子推于绵山（秦二世时迁葬故里旌介村），改绵山为介山，“以志吾过，且旌善人”。同时下令，介子推忌日，全国禁止动烟火，是为寒食节。

晋文公以环绵山之田封介子推，由此得“旌介”、“旌善”之村名。旌介村在旌善东2公里处。隋开皇又改为“灵瑞乡”。唐贞观以来，灵瑞乡日臻兴旺，直至元皇庆年间仍以灵瑞乡称

静升古镇。摄影 侯千钧

王家大院石雕护柱。

王家大院石雕柱础石。

之。到清康乾盛世，农商发达，经济繁荣，民间修庙宇，建民居，大兴土木，静升在当时就被誉为“晋中第一镇”。因灵石方言“旌善”与“静升”读音相近，取意“居静穆祥和歌舞升平之地”，易名“静升”。

王家大院只是静升镇古民居的一部分，这个古村镇保存相当完好，文化价值远非王家大院所能涵盖。静升镇2003年就被评为国家第一批历史文化名镇，是汾河流域古村落代表。

1976年，静升镇旌介村首次发现商代墓葬。1984年，又在原墓葬附近发现两座商墓和一座车马坑，经山西省考古研究所发掘，出土了大量青铜器、玉器和其他文物。170余件有同一种文字的青铜器，上面的文字被认为是族徽，可释为“鬲”，说明灵石一带为鬲族方国所在地，墓主为统治者；《灵石旌介商墓》考古报告则认为：青铜器上的铭文应释为“丙”字而非族徽，并判定是与商王朝有着较为稳定臣属关系的友好方国丙国遗址。在静升村小河畔和义堡东面有两块地，一块名叫“尧车地”，一块名叫“舜随地”。传说这两块地是尧王寻访考察舜时停车的地方，也是大禹治水“打开灵石口，空出晋阳湖”之前多次考察过的地方。

静升古镇里梧桐树多，走着走着，就有落叶掉下来，也应了这里是一座凤凰之城。游人来了又走了，除了王家大院，他们似乎不知道，就在咫尺之间，还有更多的风景。

最不能忽视的一处是文笔塔。晨曦里的文笔塔，秀挺、独立、华美，有一种奇怪的迷人的气质。塔的笔尖处，常有鸟盘旋着稍事停留后飞走。文笔塔高26米，底部周长12.3米，塔基为青石方形，砖砌结构，下粗上细，宛若毛笔竖立，直指天际，为明清建筑。据老人们讲，文笔塔旁原有一处打谷场，打谷场附近有一个四季不枯的大水池，打谷场上有一个辗谷碌碡。打谷场像一方砚台，碌碡像一块墨锭，水池中的清水可供磨墨。

而文庙就在进入王家大院必经的路口。说它独特，是因为在古代，庙学一般只存在于县学以上，乡村是没有的。而另一独特之处是这座文庙的建筑年代。据明朝万历本《灵石县志》载，静升文庙系元代至顺三年（1332年）所建。元朝时候，士人地位极低，排在娼妓之后。其中的“鲤鱼跃龙门”尤其值得一看，壁面18.19平方米，龙门肃立于云海之间，青龙奋爪翘首，气势轩昂；浪花间游动着一尾大鲤鱼和七尾小鲤鱼，鱼儿跃跃欲试，眼中充满成龙的渴望。高考前，常有学子来这里祭拜。由于王家带动，静升商业风气很盛，静升镇的苏溪村在明清时有小天津之称，货物流通之快，赶得上京津的时髦。商业的发达使人们的宗教信仰变得多样化。这里的庙宇盛行多神崇拜，在资寿寺，既有佛教的如来观音，又有关帝庙，还有真武大帝、二郎神。

目前静升古镇正在修复改造当中，这似乎没有影响到居民们的日常生活。日子依旧安详平和而有滋味。

夏门古堡里玩战争游戏的两个小男孩。

夏门古堡的秘密

灵石县最南端是个峡谷，从前叫“雀鼠谷”，现在称“灵石口”，是晋中和晋南的分水岭。

古时晋中盆地一片汪洋，水患不断。舜派鲧治理水患，鲧用堵的办法中游拦截，水患更严重。后来舜又派鲧的儿子禹继续治理。禹顺流而下到达晋阳湖南端，看到上游湖水汹涌而来，似脱缰野马直抵山崖，浊浪拍空，湖水撞击后逆流而上。找到了根源，禹十分高兴，因为连日奔波，不觉靠壁睡着了。睡梦中，见一老妇拿瓢往瓮里舀水，眼看瓮水已满将溢，老妇拿起铁锤用力一击，瓮破水出，溢了自己一身。禹一下子惊醒，只要打开一个缺口，即可消除水患。梦中得到启发，禹带领百姓凿山排水，奋战13载打开拦水山体，也就是现在的“灵石口”，引水入黄河后空出晋中盆地。大禹治水居住过的地方现在

夏门古堡一角。

还叫“王禹村”，因为大禹是夏朝开国之主——夏启的父亲，所以人们把大禹拓宽的这个谷口命名为“夏门”。

夏门村依山傍水，汾河从东向南绕村而去。夏门是灵石四大族之一梁家聚居地，梁家遗留下一处住宅院落，即夏门古堡。

50岁的梁毅是梁家十六世孙，对夏门古堡相当熟悉。他家以前是一座七进的大院子，道台院。新中国成立后，建石料厂，修路时穿大院而过，七进大院被毁。梁毅现在住的是七进大院残存的部分。

夏门古堡正在开发当中，只余三两住户。探访古堡，时值正午，艳阳当空，蝉声不鸣。一座城堡，却应了个寂字。

据梁毅介绍，夏门古堡始建于明朝万历中期，终建于清朝光绪年间，历时三百余年。夏门古堡建在秦王岭的龙头岗上，前对峭壁以为屏，后倚峻岭以为靠，下临汾水以为险，底坐磐石以为基，可居，可赏，可御，可逸。

夏门村西的秦王岭，曾是隋末李渊、李世民父子晋阳起兵进军关中途经雀鼠谷时驻军的地方，与秦王岭相对的汾河对岸有隋将宋老生扎过寨的老生寨。雀鼠谷曾发生一场对唐王朝生死攸关的决定性战役——雀鼠谷大战，历来为史家所重视。至今，夏门村后的山坡上仍有当年李世民征战的古战场遗迹，当地老百姓称为龙头岗。

夏门的兴盛与梁氏家族的发迹有密切关系。梁氏家族仕宦传家，家族中先后有185人为官，成为与静升王家、两渡何家、蒜峪陈家齐名的灵石四大

夏门古堡里的住户。

家族之一。如果没当地人陪，在夏门古堡里时时会迷路，梁毅陪我们探访了夏门古堡。夏门古堡内的古建筑群完整保存了原有的街巷、院落、堡墙、堡门等。现存古建筑共有大小院落60余幢，院落群有大夫第、御史府、知府院、深秀宅、后堡门外院落、道台院、百尺楼等，基本保存了原有建筑的外貌与风格。

百尺楼为梁家七世梁枢所建的民楼，修建于清乾隆年间，楼为四层，一、二层为三孔窑，三层为四孔窑，四层为云厅。楼长 15 米，宽 4 米，高 40 米，故称“百尺楼”。楼下部为砖石结构，上部为砖木结构，建筑奇特而雄伟。

每逢春日，登临百尺楼，远眺东山，艳阳高照，俯视汾河，碧波滔滔，汾河两岸，田园阡陌，杨柳婆娑，草长莺飞，这就是灵石古八景之一的“夏门春晓”。现在，由县令王志融题书的“夏门春晓”摩崖仍完好保存在楼北石壁之中。

傅山和灵石的缘分

灵石一定给过傅山许多灵感。

资寿寺进山门迎面是四大天王殿，殿首高悬傅山书写的匾额“山林埜趣”四个黑底金字，字迹苍莽野逸，是当年傅山应邀来两渡何家讲学时，游览资寿寺所题。“埜”字为其兴之所至的独创。双木为林，林植于土，“林”字下面以“土”为基，让人联想到林中万物，野趣十足。傅山这个富有创造性的“埜”字在中国书法史上很有名，经常被人引用。三大士殿内椽顶隔板有5幅

夏门古堡里的住户

指墨松梅人物壁画，相传为傅山所画。

不少人初识傅山，是从梁羽生的武侠小说《七剑下天山》开始的，傅山以一派宗师的形象出现，名满天下，文武双全，大智大勇，近乎完人，出场便不同寻常：三绺长须、面色红润、儒冠儒服……老人名叫傅青主，不但医术精妙，而且长于武功，在无极剑法上有精深造诣。

傅山身怀武功是不争的事实。

据《石膏山志》载：清顺治四年（公元 1647 年）春，傅山到天竺寺与寺内住持演示打坐和五禽戏，并传授给当地名士吴成光，接着又传授给寺内和尚。康熙二十一年（公元1682年）傅山父子隐居期间，被何世基请至义塾讲学传武，遗留“傅拳”。其拳式动作与太极拳相似，又别于太极拳。

傅山留下的拳法，已经成为一个流派。而他的武功更是和绘画结合在一起。据传，傅山醉中舞拳，酒后作画，物我两忘，神与物游。将武术这种人体文化的感悟，形诸笔墨，因而他的书画具有山雨欲来的肃杀和灵动飞扬的韵味，而他的拳法又具有一种醉态。1984年，灵石发现一本《傅山拳法》，经鉴定正是傅青主所著。

由于傅山对传武特别谨慎，主张“宁愿绝技传英俊，勿使真传落旁门”，傅山先生编创的“傅山拳法”仅在山西寿阳及灵石等地有过传习，目前已濒临失传。

傅山先生的《游灵石神林介庙题诗》碑现陈列在太原晋祠博物馆，也是从灵石迁来的。

傅山作为明末清初著名思想家、文学家、诗人、医学家、书画家，极受山西人尊崇。傅山一生多次到灵石，应和灵石极有缘分。

石膏山，寺庙藏在溶洞中

雄踞于晋中、临汾、长治三市交界处、太岳山北段的石膏山是一座风光旖旎的名山，它依旧承袭灵石所有事物的特点：藏而不露、秀而不显。

一进入石膏山山口，猝不及防，地上陡然升起一切绝壁，有着拒人于千里之外的倔强，喧嚣一下子被挡在了山外。

对于石膏山的来历，众说纷纭。《春秋玄命苞》曰："膏者，神之液也。"石膏指石中流出的乳白色汁水，遇空气凝结成钟乳石。古人不解石灰岩层渗水形成钟乳石之谜，因此有"膏山活石"之说，并演绎出观世音菩萨三十二化身之一的白衣大士在此山坐化归真，"感石滴乳，抱裹真身"的一段美丽传说。也有说石膏山是垒石为山，石膏山极顶，海拔 2551 米，是太岳山脉群峰之巅，最早命名石高山，还是为了一个"藏"字，明代取其谐音改为现在的石膏山。石膏山之名，和矿物质石膏没有关系。

石膏山是华北地区植物种类最多的地方，各种乔木、灌木和草本加起来有1000多种。石膏山的植被不仅丰富多样，而且层次分明、分布有致，山脚是灌木林带，山腰是长着杨树、栗树、桦树、枫树等不同树种的阔叶林带，各种藤蔓植物在林子里交错盘结，再往上是针阔混交林。悬崖峭壁上生长着千姿百态的松柏，它们就在几乎不见土的石缝里生长，生长成旁若无人的风景。

夏门古堡里偶尔有小朋友嬉戏玩耍，看到摄影师举起相机，小男孩严肃起来，小女孩突然很害羞。

石膏山知名于世，始自汉唐，盛于明清。汉唐时期，石膏山之名因灵沁古道而起。石膏山上的灵沁古道，西自灵石县仁义村秦晋古道上起首，东接古上党盆地。秦晋古道早在汉初即为晋地南北要冲，韩信伐赵、刘邦征代均取道于此。灵沁古道接通秦晋古道与上党盆地，其重要性自是非比寻常。沿林间小道一路攀爬，一串隐约于山洞之间

夏门古堡里无人居住的院落大门紧锁。

的寺院跳入眼帘。是的，这里的寺庙是一串串的，并且是建在溶洞中的。明代古刹白衣庵、天竺寺和保安禅院，分别建于上中下三岩间。它不是一个平面，而是依山势而建，错落有致，从下岩到上岩的垂直距离有200多米，岩是当地土语，溶洞的意思。下岩是石膏山最大的溶洞，垂直高度 24 米，宽 40 米，深 30 米，寺庙建在丛林之中、峭壁之上，非常险要，也非常隐蔽，抗日战争时期这里是灵石民主县政府办公的地方。墙上还有诸如“中国人不打中国人”和“实行耕者有其田”之类的标语。

云路是中岩至上岩的石梯，仅一人能通过，上下都是垂直的悬崖峭壁。从前这里有用木头搭建的凌空栈道，由于年久失修，木头坍塌，所以通往上岩的道路也就中断了。清朝同治年间，善士赵吉庆，发愿要修通这条路，因是通体岩石，工程根本无法进行。一筹莫展之际，工地来了一位白胡子老头，告诉大家要用火将岩石烧裂然后再开凿，人们根据他的建议，终于在这个绝壁上修了50米长的横空云路。云路石梯栏共五十三垛，系按五十三参，每值元宵佳节，出灯五十三盏，远远看上去，火龙一般，恍若仙境。云路横空也成了石膏山一处独特的景观。

石膏山出一种叫“乌灵脂”的珍稀药物，多年前山上常有人身系绳索采挖，悬空飞来荡去，瞅准目标摘取，比杂技还让人看得惊心，现在很少能遇上这种情景了。

石膏山曾是傅山反清复明的一个据点。傅山在石膏山逗留期间，下榻保安禅院，与住持演练《傅拳谱》中的五禽戏。石膏山北峰，遗有傅山先生的诗文。石膏山后寨门岩壁，立于罗汉顶下。成片的孔洞，有群蜂聚散，当地药农经常来这里采蜜，故有“打开后寨门，挖蜜三千斤”之说。傅山曾作诗《义蜂》：

群蜂失其主，浩荡往来飞。
苦蛰撩人打，甘心得死归。
穿花红乍落，入树绿全腓。
烧睫君臣泪，无从湿征衣。

撰文/水　伊　摄影/王　牧

河曲：黄河“神曲”

黄河的众神之夜，河曲人过得比哪天都热闹，可谓他们的狂欢节。几万观众面向黄河，兴奋不已。所有逝者在人心目中都已变作大大小小的神，给了活着的人安慰、希望和憧憬。

黄河古渡口现已修成广场，成为河曲人休闲玩耍的好去处。放河灯期间，这里更是人山人海，一派狂欢。

罗圈堡村就在娘娘滩南岸，现在村里住着的多是老年人，年轻人都搬到了山脚下。这些老年人没闲着，坡坡坎坎上的地都没让荒掉，种着玉米、豆子等。

打开地图，先找出几字形的黄河。在几字的横折往下一点出现一个近乎夸张的S形流线，河曲就傍着这S形的河道。俗话说“黄河九曲十八弯”，这些曲曲弯弯在河曲境内体现得淋漓尽致。河曲县名也因此而来。

在清朝绘制的河曲县地图上，除了S形的黄河外，还有极明显的一个特色，那就是伴随着黄河筑有长城。黄河、长城，这两个一动一静的地面物体，护卫着一座县城。

黄河边的河曲

统治者觉得天堑黄河还不够，明朝初期又沿着黄河内侧修筑了坚固的边墙，即长城，也称外长城，约140华里，以防蒙古马队、鞑靼、瓦剌等部落南下进犯。

黄河的曲线在河曲县境内大舞了一下，如同留下一个女性的魅影。

或许受着黄河熏陶，河曲人在豁达豪爽的外表下还隐藏着细密曲折的女人般心事。这一点从河曲民歌中可以感受到。这里素称“民歌的海洋”，特有的黄河和黄土文化，产生了河曲民歌，明代就有所谓“户有弦歌新治谱”。如今的河曲民歌在全国依然享有名气。最打响的那首《走西口》，唱得人肝肠寸断：

哥哥你要走西口，小妹妹也难留。
止不住那伤心泪，一道一道往下流。
哥哥你一定要走，小妹妹实难留。
怀抱上那梳头匣，我给哥哥梳一梳头。
……

河曲县位于晋西北。黄河从东北方的偏关县老牛湾向西流来，经太子滩、娘娘滩，逐渐滑向西南，再折向东南，包绕了半边县城后，顺势而下，又在五花城、巡镇附近形成一个较小的反向弯曲，即S的下半个弯曲，回向西南流淌，直至流入保德县境内。

1953年，北京的几个音乐人，骑着毛驴，在河曲县搜集到上万首山曲。此后，河曲民歌名声大震。而河曲民歌最风靡之时就是走西口那段历史时期。男女相思，艰苦劳作，似乎使河曲人爆发了创作的热情。最底层的生存奔波，却激发了浪漫的文艺形式。

出生在河曲的山西作家燕治国在一篇文中这样写道：“母亲说：不单是人，就连狗狗叫几声，叠的也是山曲儿的调。人世间，难活不过人想人，心里难活就想唱。”

“想亲亲想得我手腕腕（那个）软，拿起个筷子我端不起个碗。想亲亲想得我心花花花乱，煮饺子下了一锅山药蛋……咱二人相好呀一对对，切草刀铡头不呀不后悔。”山曲儿简单直接，随口唱来消烦解乏。加上情节和表演，就演变成二人台。河曲二人台传承不绝，在河灯会期间是压轴戏。

左图：坐在台阶上，等待放河灯的人们。
右图：河曲隔黄河与内蒙古准格尔旗和陕西府谷县遥望，有鸡鸣三省之誉。

河曲隔黄河与内蒙古准格尔旗和陕西府谷县遥望，有鸡鸣三省之誉。因特殊的地理条件和丰厚的物产，古来是兵家争夺之地。统治者觉得天堑黄河还不够，明朝初期又沿着黄河内侧修筑了坚固的边墙，即长城，也称外长城，约140华里，以防蒙古马队、鞑靼、瓦剌等部落南下进犯。后因黄河侵蚀，再加年久失修和人为破坏，现境内残存有20多公里，砖石多已不在，仅剩内芯夯土层，但烽火台却隔不远就能看到一个，很容易让人遐想出曾经连绵不断的雄伟长城。我们就近在县城的东南移民新村那里，察看了一段。土色的长城外荒草丛生，散布着大大小小的坟头，两个烽火台残体立在高处，仿佛守着这一大片墓园。

进入河曲县城，必经一条由东向西的黄河大道，主要的政府部门和一些商铺就分列于大道两侧。大道尽头便是黄河。县城建设垂直于黄河。这和临接的保德县城恰好相反，保德县城与南下的黄河平行。

黄河岸边已经被修成西口古渡广场。广场中心建筑是禹王庙，当地人也称河神庙，是祭祀大禹的。但是庙内除了大禹塑像外，还有释迦牟尼佛、观世音菩萨和道教的吕洞宾，佛、道及传说中的英雄人物共处一室。来此膜拜的百姓络绎不绝。他们步入不高的门槛后，哪路神仙大人都不慢怠，虔诚地焚香叩拜，再递上捐供。

采访的那一天，我们早上不到七点就来到这里，晨练的人沿河岸已摆开架

放河灯期间，禹王庙的香火最旺。

势，并按项目自然分开。作为大背景的黄河不仅令人赏心悦目，而且为人们提供了与地气连接的途径。每一个在此晨练的人，眉宇间流露出一副安详满足的美好神情。

禹王庙门大开，神偶们早早地呼吸着对面黄河上送来的清新空气。陆续有晨练完毕的，就顺便拐到庙里焚上三炷香。也有一家三口来的，五六岁的小孩子模仿大人跪在塑像前，双手合十，抬头好奇地看着披红挂彩的神。

可能是因为我们在河灯会期间来到，感觉河曲县城就是一个热闹的集市，街道上熙熙攘攘，每个人都有一副过节的神情。尤其年轻人，三三两两，走来走去，大有欢度节日的派头。商家也乘机出动，用流行歌舞和河曲二人台拉拢人气。马路边的小饭店也把桌子摆到了街边，行人往往要侧身绕过，而那些喝酒用餐的人仿佛就喜欢这份热闹喜庆，很享受坐在众人视线内的感觉。

紧挨县城的古城墙外，有一座保存较好的护城楼，实际上是明长城上的军事设施敌楼，明万历四年建成。楼高六丈，楼顶阔九丈，环围一百八十丈，内部结构九窑十八洞，非常坚固耐用。因蒙汉关系改善，战事平息，为了加强两族经济文化联系，明万历二十八年在敌楼顶修建玉皇阁、钟鼓楼。后来，护城楼几经浩劫，僧人出走，神像丢失毁坏，只留空楼一座。“文化大革命”期间，楼内成为生产队粮仓与百姓堆放杂物之场所。我们去时，顶部的玉皇阁正在修复中，神像已塑起，单等彩绘。而楼下的九窑十八洞内早已迎请到儒释道三教名流，失了御敌功能的军事设施改造成了神的会所。这座砖石建起的护城楼外表高大雄伟，门额上还清晰地镌刻着“镇虏”二字，但拾级而上，迈入门槛，迎面却是一尊笑眯眯的弥勒佛。

河曲县虽地处晋西北，但一样有现代风吹拂，人们安居乐业。

河曲县城东有一座造型奇特、气势磅礴的文笔塔。这座清乾隆年间修建的塔直接建在明朝的烽火台墩上，形似一杆大笔，传说是因调整河曲的文化风水而建。依着文笔塔，如今建了一座公园，名白朴公园。白朴是元曲四大家之一，为河曲历史文化名人。园内有一块巨石，上书山西省作家创作基地。

河灯会

河曲县城连固定加外来人口也就四五万，河灯会期间可说是名副其实的倾城出动了。

2010年8月21日上午，我们去河曲河灯制作的传承人赵六十一家拜访。赵

依着文笔塔，如今建了一座公园，名白朴公园。

六十一的名字由来是因他在爷爷61岁上出生，这种数字名在河曲、保德人中很普遍。老人一家住在独门的平房院里，院子中央长有一棵海红果树。他今年 74 岁，身体不错，仍然给河灯会做了不少河灯。在我们的要求下，他从一间柴房里拿出工具和纸张，临时扎了几个简单的船形灯。看起来工序不复杂，只是最后船体要刷上桐油，船底要粘上些许沙子以便稳住重心，棉线捻栽在中央，要等放河灯时才现浇上本地盛产的麻油后点燃。河曲人提到这麻油，又心疼又虔诚地说：就是平时吃的油，散打也要16块钱一公斤。点河灯是河曲人神圣的事，决不在这上面要花招。所以，放河灯时，要提上两桶这样的油。

黄河带来富饶和便利的同时，也时而泛滥成灾。于是祭祀河神，祈求平安、风调雨顺就成为河曲人的最大心愿。旧时沿河一带，建有多座河神庙。除了日常供奉外，每年的农历七月十五，会漂放河灯。《中国文化杂说》第一卷记述：“河灯会”是以山西省西北河曲县七月十五夜黄河灯会，最为盛大、壮观。明万历版《河曲县志》载：明弘治十三年，知县李邦彦率众祭奠大禹、放河灯。明正德十三年，皇帝西巡至河曲唐家会河岸，设坛施舍。明嘉靖十八年，武英殿大学士兼兵部尚书都察院都御史翟銮设坛祭黄河神。清道光十三年重修禹王庙，晋、陕、蒙边民捐资将祭奠大禹、放河灯的历史情形绘于墙壁而记之。如今位于西口古渡的禹王庙的壁画尚在。庙里的南北两面墙壁上各绘有32幅方格形的连环画，画面略有些模糊。我们在其中找到两幅明显能看出河水和画题的，一为“州县共祭”，二为“邑人祭河”。其中“州县共祭”图中央有两位人物，面对波涛滚滚的黄河，着蓝衣者正说着什么，而着红衣者合十跪拜，河面上漂浮着几盏已点燃的河灯，形状与现在的河曲纸船河灯一模一样。

位于县城东大门的文笔塔，这座清乾隆年间修建的塔直接建在明朝的烽火台墩上，形似一杆大笔，传说是因调整河曲的文化风水而建。

从史料中可知，河曲河灯会官民皆参与。一方父母官，为保佑百姓平安，以河灯祭祀大禹，间接劝慰安抚于浩荡的黄河。以求风调雨顺，万民欢乐。而真正以一盏小小的河灯祭奠亡灵，在民间已几乎不存在了。在重要节日或死者忌日，河曲人同其他地方的人一样，习惯到坟头或十字路口给死者烧些纸钱。黄河上漂放河灯，更多地成为一个地方的传统仪式，并因了政府参与，成为一个地方的文化旅游名片。

2010年的河灯会同往年一样，河曲县印发了红头文件，提前通知实施方案，以确保活动“安全、文明、欢乐、祥和、有序”进行。“河曲县第十五届河灯会暨西口文化月活动”时间为2010年8月10日至9月7日（农历七月初一至七月二十九），其中漂放河灯8天。除了放河灯，其他活动类似于别的地方的消夏月活动。小小的河曲县城，被这近一个月的文体活动撑得丰满油润，民众参与的热情高，于是整个县城就成了欢乐的海洋。

在东大剧场东面的一块空地上，是典型的庙会气氛。摆摊的一个挨一个，中间夹杂着各种大型的游乐器材。除此之外，还有来自内蒙古、陕西、河南等地的民间杂耍、马戏。上午的人略为少一点，下午和晚上的人摩肩接踵。

我和摄影师每人花了5元钱（还获赠两副扑克），进入一家挂着“金梦杂技驯蛇艺术团”横幅的帐篷。内里设备简陋，几块木板搭起来的舞台，踩上去直晃悠，两只大音箱像陈旧的家具，但演员分外认真，小魔术、人蛇共舞、硬气功、吞钢球等节目，循环表演。台下的观众可坐上一个小时将所有节目看

在东大剧场东面的一块空地上，有典型的庙会气氛。摆摊的一个挨一个，中间夹杂着各种大型的游乐器材。

完，或只挑几样看了就走也可，坐在长条木板上的观众男女老少都有。演出方预先声称，看了不满意可退票款，但好像没一个人不满意，都有物超所值的感觉。千余年间，位于低层的民间艺人搭台表演，也就是赚个人气捧场，台上台下无间，似乎生活原本就是这个模样。庙会上最大的帐篷是“中国吴桥大马戏”的，10元一张票，进出的人不绝。而一些高空飞旋的游乐最火爆，那是青少年的乐园。套圈的，打气枪的，卖小吃的，人来人往，生动演绎着现实版的清明上河图。

而雅的场面依然人气不低。黄河影剧院门前的“河曲风光图片展”和“河曲二人台回顾展”前，一天里的观众也不少。其他舞台演出，如晋剧、道情等的看客也多。同一时间段，有许多的表演和展出，但每一样都不缺人气。河曲县城连固定加外来人口也就四五万，河灯会期间可说是名副其实的倾城出动了。

中元节，古渡的狂欢

晚上8点钟，远远地见河面上有灯亮起，一盏盏漂下来，越漂越多，最终排成长队，浩浩荡荡，集体奔赴某个地方。

七月十五这天是传统的中元节，即中国的鬼节，这一天，河曲河灯会达到

一些民间马戏团的设备简陋，几块木板搭起来就是舞台，但演员的表演分外卖力。

高潮。

早上七点不到，我们赶到禹王庙时，一只被神选中的山羊正站在一辆蹦蹦车里目视前方，看样子是一早被主人从村里拉进城的。我们一打扰，它立刻低下了头，不知是害羞还是胆怯。仿佛已预感到自己的命运。

时辰到后，民乐声中，有人牵羊到殿前，用凉水洒了羊全身，并灌水到其右耳，羊一激凌。然后再剪了右耳一小豁口，挤出几滴血，血滴在两条黄裱纸上，在禹像前焚烧了，磕头，就算神领牲了。经过这一番仪式后，山羊被拉走，但不是回到原先的主人家，而是被屠宰，分食给参与放河灯的工作人员。

黄河岸硕大鲜艳的字，极容易让人与一段历史对接。

传说吃供过神的牲，能讨来吉祥。

西口古渡这一天最热闹，河曲人在这里纳凉，看戏，或者就是凑热闹，看风景。

古渡口作为水旱码头的原有职能彻底消失，转换成一处历史缅怀地，一处风景。河曲的西口古渡最繁荣时当在清

上图：黄河在每一个河曲人心中，极有分量地流淌着。
下图：罗圈堡曾是明长城的一个军事基地，能将黄河中央的娘娘滩一览无余，如今还残留着黄土城墙。

朝，那时正值走西口的大浪潮，此处是重要的水路之一。一过黄河，就是风格迥异的蒙界。再往西往北，越走越远，直到抵达包头等地。据不完全统计，如今在内蒙古的河曲籍人约有25万，是河曲县的两倍。他们在地广人稀水土肥沃的西部找到了更加心仪的人生居住之所。但留在家乡的河曲人，却始终对走西口事件系着凄楚漂泊的情结，逐渐在每年一次的河灯会里加入祭奠走西口亡灵的一页，致使许多人以为，黄河漂放河灯来源于给西口亡灵的招魂。

所谓的历史好像是有拐点的，河曲人如今兴致勃勃地在家门口的黄河上漂放河灯，放飞心中的美好愿望，明显地带有狂欢的味道。祭祀河神大禹，悼念走西口亡灵，或给溺死于黄河里的人照亮回家的路。如今的河曲河灯会充满现代人更加复杂的情思。

傍晚，朝向黄河的偌大台阶上早早就坐满了人，他们在那里等待放河灯。几千盏河灯先在禹王庙前供过，才载到船上。放河灯的工作人员有男有女，个个脸上浮着骄傲的神情。两条船离开岸边开往上游。前两天，我们已跟随他们一同到上游放过河灯。放河灯的活很累，几千盏河灯，两条船上的十几个人流水线作业，需一个小时才能放完。岸上的观众根本看不到上游的船，人与船都隐在夜色里，只有点亮的河灯突破黑暗，进入观众的眼睛。

晚上8点钟，远远地见河面上有灯亮起，一盏盏漂下来，越漂越多，最终排成长队，浩浩荡荡，集体奔赴某个地方。漆黑的河面上，河灯显得分外明亮，如梦似幻。这时河对岸的礼花打响，夜空一片璀璨热闹，与河面上安静地漂着的河灯相映衬。几万观众面向黄河，兴奋不已。那些亡灵们，包括禹，所有逝者在人心目中都已变作大大小小的神，给了活着的人安慰、希望和憧憬。

黄河的众神之夜，河曲人过得比哪

天都热闹，可谓他们的狂欢节。

黄河里的“娘娘滩”

据说这个小岛是万里黄河上惟一有炊烟升起的地方，容易让人联想到“关关雎鸠，在河之洲”所描述的浪漫场景。

娘娘滩是河曲县最著名的景观，也是县里重点打造的旅游工程。位于县城东北约7公里处的黄河中流。它的上游是龙口峡谷，滔滔黄河在数百里陡峻绝壁的挟持之后，突遇河中央的娘娘滩，脾气顿时消解，从此展开数十里富饶的河谷平原。在河曲县博物馆馆长任俊文的带领下，我们先到达罗圈堡。站在山脊上，娘娘滩的全景尽收眼底。据说这个小岛是万里黄河上惟一有炊烟升起的地方，被誉为天下黄河第一岛。容易让人联想到“关关雎鸠，在河之洲”所描述的浪漫场景。从罗圈堡的黄土高台上望下去，娘娘滩像泊在黄河中央的一片椭圆形的植物园，全岛均被树木和庄稼密密地遮盖着，看不到有人家。因为站得高的缘故，视觉出现了浓缩效果，感觉娘娘滩太袖珍。但实际上，即便岁月侵蚀涤荡，娘娘滩现在仍有土地 300 亩。而县志记载，清朝滩面还

国家非物质文化遗产河曲“二人台”传承人辛礼生老人面对黄河水引吭高歌。

李贵雄老人拿出一只“万岁富贵”瓦头，虽然碎成两半，但粘合后相当完整，字迹清晰。

“广可五顷”。

娘娘滩古时是黄河上重要的渡口，南岸是汉民族，北岸是少数民族。两岸人民在此交融也在此争斗。南岸的罗圈堡是明朝初期建立的一个关，独立于高山顶上，与长城、堡、烽火台、墩、口等共同组成严密的防御工事。史载，城堡全由青砖包砌，高3丈5尺，正南设有瓮城。东连接寨子，南有饮马泉沟、纸房沟，西有八墩台，北有长城，长城随山而建。罗圈堡的东有石城口，西有石梯隘口，控制着整个河曲东西往来的咽喉之地。

穿过一片长势茂盛的蓖麻田，我们来到堡墙跟前。残留的堡墙只剩夯土层。不知谁家把羊养在墙体的洞里，外边安了小木栅栏，就是一个现成的羊圈。一位老奶奶刚摘了地里种的豆角回返，看我们是来参观的，便主动告诉我们堡墙上还有字呢。原来是在此拍影视时，留下的村名。这位老奶奶眼不花耳不聋，我们无意中说到的话，她都会回应，而且很有镜头感。罗圈堡村保存有不少古民居，一座古戏台，三座古庙。现在村里住着的多是老年人，年轻人都搬到了山脚下。这些老年人没闲着，坡坡坎坎上的地都没荒掉，种着玉米、豆子等。早已无人居住的院子里，海红果树和枣树上坠满了果实。

罗圈堡高踞于娘娘滩南岸，娘娘滩及北岸那边的一举一动一览无余。再加上沿河的长城，黄河南岸形成了严阵以待的架势。但整个明代，这里也就发

旧县的戏台上正演出晋剧。

生过三起瓦剌部侵边战事。娘娘滩作为由蒙入晋的踏板，战略地位重要，但岛上的居民却认为他们始终受着娘娘的保佑，过着和平安乐的日子。

娘娘滩的来历不简单。传说汉文帝之母薄姬娘娘遭吕后陷害，逃到岛上避难，故起名为娘娘滩。最有力的佐证除了一些史书和碑文上的只言片语，就是滩上不断地出土过烧制有“万岁富贵”四个汉隶字的圆瓦当。《中国百科全书·考古学卷》载：北魏瓦当以“万岁富贵”为多，书体介于楷隶之间。在《中国古代瓦当·秦汉瓦当图录》中也有类似的文字圆瓦当。由此，有人推断娘娘滩上出土的“万岁富贵”圆瓦当应视为汉代遗存，或可说是汉代晚期产物。这与岛上原建有娘娘宫殿的传说相吻合。

岛上的居民均姓李，自称李广的后代。当年，李文、李广护卫薄娘娘逃出幽禁，选择了这块四面环水的边境小岛隐居起来，历时13年。其间，薄娘娘深入两岸胡汉民间，乐善好施，懂医术，精耕织，深受百姓尊敬和爱戴。站在娘娘滩往上游看，还有一个小岛，叫太子滩，传说隐藏过太子刘恒。汉文帝刘恒登基，迎回母亲后，为感恩准许李氏家族留守娘娘滩。据明正统元年重修圣母祠碑记，始祖李学礼迄今已有几百年。李广护驾文帝有功赏封，上至关河口，下至水寨寺，河滩地由李广后代耕种，免其赋税。虽然历史书上没有更多的记载，但岛上居民却为了证明自己的先祖多方寻找证据。居民李保云后来在准格尔旗的一个村庄里找到一份旧家谱，是当年娘娘滩上的李姓人家走西口时带走的，他复印了一份，如今就挂在娘娘滩上的博物馆里。

岛上人家

黄河里的这两个小岛与水永远是一种亲和关系，如船儿一般被水托着，不必担忧被水淹没。这个传奇一直延续到1981年的除夕。

8 月 22 日下午，我们乘摆渡船过了黄河，到达这个神奇的小岛。一踏上去就不再觉得它小了。绿树掩映中，出现了人家的轮廓。现在定居着十来户，其他户已在1981年除夕的那场黄河洪灾后，搬迁到了南岸。留下来的都是老人，恋土情结重，再说岛上风光宜人，土地肥沃，当地有句土话说得很豪迈：不慎撒颗钉子，立马就能长成火柱。黄河不知历经了多少年的风浪，才冲击出眼前的娘娘滩。

岛上不多的房屋建筑被各种茂密的树深深掩藏着，我们不断地拨开众植物的纠缠，在觉得迷茫的当儿，突然发现一扇柴门虚掩，一只拴着的黄狗警觉地吠几声。这户人家的女主人叫柳二平，是嫁给李家的媳妇，今年 64 岁。她说男人在地里薅草，孩子们搬到河岸住了。院子里种着各色蔬菜，还有一棵海红果树。海红果亦名长寿果，是河曲县的特产，几乎家家院里有一棵。果实似山楂大小，色红，酸甜可口。靠着厨房的外墙，立着一个简易的捞具，一根木棍上绑着大网兜，柳二平说是用来捞鱼

岱岳庙内的壁画。

的，可以捞到一拃长的小鱼，油煎和熬汤都好。

黄河把小岛环抱在怀中，岛民就像小孩子，随时都可以从黄河母亲那里汲取到营养。

李贵雄老人是用他的“话说”口吻吸引住我的。他坐在圣母祠边的一棵树下，正给人“话说”：话说我们家老祖宗……他的老祖宗就是李广，所以他也是功臣的后代。80岁的李贵雄长有一副北方人的身板和脸庞，用唠家常的态势将两千多年前的那段历史风云展现给游人。当我问到有关岛上出土的汉代瓦片时，他顺手就从一堆杂物上方拿了两块，一看就是很大的瓦片残端，是古董。他说他家里藏有更好看的瓦当，于是我们穿过一条林间小道，到了他家。他的家同样被疯长的绿色植物包围着，院里也长满果树和蔬菜。他拿出来的是一只“万岁富贵”瓦头，虽然碎成两半，但粘合后相当完整，字迹清晰。过去家里还有更好的，但陆续被专家买走了。正说着，79岁的老伴刘桂凤回来了，她在圣母祠边摆了一个小摊，向游人兜售物品。老两口十分恋这片热土，看上去生活得闲适满足。他们家的小狗叫夯蛋，猫咪叫丑莲花。刘桂凤起初很不愿让我们拍照，但让她抱着猫咪照，她立马就像个小姑娘似的与猫咪亲热个不停，也不管摄影师将镜头咔嚓咔嚓对着她。

娘娘滩上的圣母祠始建年代不详。但现存的汉代大、中、小型砂石柱础遗物是滩上汉代就已建庙或宫殿的最

海潮禅寺内的壁画。

旧县四围的明朝古城墙基本都在，而且有包砖石。这些砖石同样呈现出一副沧桑面孔，但看起来还相当结实。

直接的证据。另外滩上出土过汉钱、青铜爵、出水口、万岁富贵瓦当、人面蜈蚣塑面砖等珍贵文物，让娘娘滩的传说浮现出真实历史的面容。明万历二十五年重修圣母祠碑记，邑人苗朝阳撰文：“圣母者，祀汉文帝母薄太后也。”“不审建自何时，今其遗址犹存，往往得瓦，头隶有‘万岁富贵’字样，则当时为皇王圣后之庙无疑。缘河中汹涌，且北岸邻虏，不便修复。正统元年，总兵李公谦改建于此，有碑可考。”此后，因战火等原因，圣母祠数次大修，同时也留下了多通石碑。现在我们看到的是2000年复建的圣母祠。殿内中央塑着薄太后像，威严中透着慈悲，两壁绘有关于薄太后故事的连环画，让人恍如隔世。这位体会过人间悲凉的贵妇人有一颗济世扶贫的善心，像降落凡间的仙女，深受两岸胡汉人民的爱戴。

娘娘滩的历史和独特风光吸引了国内外众多的专家学者、作家诗人和游客。一些影视剧也在此拍外景。每年的端午节，传说薄娘娘离岛的日子，岛上过庙会，家家吃素食，上庙进香叩头。但禁唱戏，这是多少年来的习惯，因为怕惊扰了娘娘。娘娘逃出吕后的魔掌，心有余悸，听不得热闹声。如果违反了就会遭水淹。也果真如是，无论在传说中，还是史载中，立在水中央并不高耸的娘娘滩从未被黄河水淹过。有句民谣：娘娘滩，太子滩，水涨它涨两只船。就是说黄河里的这两个小岛与水永远是一种亲和关系，如船儿一般被水托着，不必担忧被水淹没。这个传奇一直延续到 1981 年的除夕。

1981年除夕，黄河突然发怒，出现冰汛，淹了岛上除娘娘庙址的所有地方，房屋被毁，好在人们都聚集到高处，倒是一个也没伤着。而这起黄河事件，追究责任竟然追到了岛上的一帮年轻人。他们试着冲破了一次岛上不能唱戏的规矩，不听老年人的劝阻，在1980年的一个夏日，请来戏班子，在娘娘庙前唱了一天戏。结果报应在除夕。这可能是一种巧合。但被淹的教训，只能是更加重了岛民对娘娘的敬畏和虔诚。

娘娘滩独特的地理优势和源远流长的民间传说，及若隐若现的历史痕迹，使这个黄河中的惟一有人烟的小岛充满无限魅力。而坚守在岛上的屈指可数的居民，无意中被历史赋予了一种传承文化的重大责任。

旧县寻踪

村里恰巧在唱戏，百八十个村民淋着细雨或站或坐，聚精会神地盯着戏台。台上正演出山西省晋阳晋剧院的《秦香莲》。

“焦尾城的葡萄，唐家会的蒜，五花城的姑娘，可袭的不用看。杨桥洼的海红红，香喷喷的酸捞饭，大梁村的那大果子，巡镇的盐干烙，蛐蜒峁的香瓜，寺墕村的老糜糜，清明节的开河鱼，皇帝他吃了也竖起大拇指夸。”这是任俊文作的《夸河曲》的词。光念这词，内心都有粗犷豪迈的歌声响起，这就是河曲。

在清乾隆二十九年（1764年）以前，河曲县城不在此地，而是在再往南的山间。清康熙三十六年（1697年），西口古渡所在的河保营一带始与蒙民交易，沿河汉民也到内蒙古垦种土地。所以，此处很快商贾辐辏，繁盛异常，人口十倍于旧城，于是县城就搬了过来。但是新县城带走了人气，却留下了格局和一些古建。安静，古旧，自有味道。这个地方就叫旧县。如今是旧县乡政府的所在地。

天上下着丝丝细雨，我们没有深入每条街道，只是就近拐进一道门洞，门额上石刻聚魁门三字，上边原有文昌阁，已倒塌。不时有村人从门洞里走进走出，凹凸不平的墙砖和石面，虽充满沧桑，却透出一丝历史的倔强。门洞一侧是一个四合院，保存完好，窑洞形制，正房是明楼，原是清朝的河曲名人黄宅中的老屋。现在住户的女主人是68岁的高喜梅。拱形的门窗刷成红色，与红色的珠帘相映，人从里边走出来，仿佛带出一股生活的火焰。

黄河古渡落日余晖。

旧县四围的明朝古城墙基本都在，而且有包砖石。这些砖石同样呈现出一副沧桑面孔，但看起来还相当结实。三个小男孩做向导，我们绕到村庄后面，拐来拐去，最后穿过一个小型门洞，就踩在了城墙上。这门洞是原来的取水门。三个小男孩都是六年级学生，正值暑假，他们在山野里玩得不亦乐乎，一听我们找城墙入口，就自告奋勇跑在前头带路。城墙在半山腰上，下边是崖壁，非常陡峭。放眼看，周边山色苍茫。这旧县老城，如今还原汁原味地保持着它的模样，一点未受到人为的加工和装饰。

村里恰巧在唱戏，百八十个村民淋着细雨或站或坐，聚精会神地盯着戏台，照相机的闪光灯并未影响到他们的兴致。台上正演出山西省晋阳晋剧院的《秦香莲》，戏台两侧的电子屏幕打出清晰的唱词。《秦香莲》一剧结束，紧接着又上演了《陈三两爬堂》。这时，天上的细雨终于也收了场。

旧县至今仍有大小寺庙遗迹21处。它的东南600米处，是海潮禅寺，原称海潮庵。这座庙宇目前是河曲保存最好的也是规模最大的佛教禅林。始建年代尚有争议，目前看到的格局是清朝初年的。寺院处在山环水绕中，顺山势而建，北高南低，站在远处任意一点，都可清晰地看到寺院建筑全貌。寺院占地面积 26 亩，建筑面积 7209 平方米，大小佛殿 28 座。各院建筑因不在同一平面，上下以砖碹洞中的台阶回转相通，跟迷宫一般。我们机械地跟随着释演兴师父上来下去，转来转去，他说这样走，参观完全寺，也不会走回头路。这本身就有禅意在里面。海潮禅寺的建筑布局密集回环，里边的佛像均藏在封闭的木雕神龛内，庄严神秘，游人只能透过玻璃窗瞻仰佛容。但走完一遭，却给人有如穿透什么的奇妙感觉。尤其站在最高一层的殿堂，俯视院落和山门，再抬头远望对面的山峦，顿时心头涌上一种安稳自在。恰在这时，一列火车从对面山腰上急急地驶过，这现代物件竟然丝毫没有干扰寺院的幽静，反倒觉得它不过是增了一景而已。每年四月初八，是海潮禅寺的庙会日，周边三省人民都来拜佛，祈求平安。寺院山门曾有藏头联：海水无边开法界，潮音不断显真如。

从寺院出来，返县城。半路上天空放晴，夕阳明艳。隔着绿色的庄稼地，望到五花城沐在夕阳里的土城墙金碧辉煌。这也是明代的一个军事工程。但五花城最出名的却不是古板的历史，“五花城的姑娘，可袭的不用看”，这“袭”取的就是《红楼梦》中那个袭人的“袭”意。

撰文/丹　菲　摄影/王　牧

如今，放河灯不仅是为了祭祀河神、悼念亡灵，而且也寄托了人们对未来生活的美好憧憬。

五台的光荣与梦想

中国在1839~1842年的鸦片战争中的失败，引出了这样一个问题：古老的儒家社会的价值和活力到底如何？战争结束后，清朝官员中的佼佼者，福建巡抚徐继畬，对外部世界进行了研究，以期反观中国所处的地位。

——费正清

每天，五台山下的马路上车来人往，飞驰而过的人们忙着求拜和还愿，几乎很少人会注意到路途边上一个也叫“五台”的小城。

因年久失修和“文化大革命”破坏，五台县城里的广济寺现仅存大雄宝殿一座，这里没有僧人，只有几尊栩栩如生的佛家泥塑还保存着些许香火气息。

小城香火

人口不过五万人的小县城，首先给人的突出印象是街上稀松的人流和一幢4层楼上的巨大招牌：五台县供销合作社。这个机构如今在中国绝大多数地方已经破产或不复存在。

从县城向东北方向走约60公里，就是拔地而起的五台山。它名扬四海，自唐代以来便是佛家香火旺地。直到今天，无数信佛和不信佛的访客仍源源不断地从各地慕名而来。为了发展这里的旅游经济，一条直接连接五台山的高速公路正在热火朝天地修建之中，届时北京等地的旅行者可以长驱直入，驾车驶入景区。

每天，五台山下的马路上车来人往，飞驰而过的人们忙着求拜和还愿，几乎很少人会注意到路途边上一个也叫“五台”的小城。虽然守着旅游热地，五台县至今仍是山西比较贫困的地区。和中国所有的县城相似，这里的房屋很少保存有旧式中国的民居，也无漂亮的现代建筑，更多的是一些不新不旧的数层矮楼，而楼房的首层几乎都被开发成各种商业和餐饮。

我们所在的五台宾馆，出门几十米就是一个店铺林立的十字路口，那里是县城最繁华的地方，就在这个路口向北

《瀛环志略》

书得名于战国阴阳家邹衍所论“中国之外有大九州，有大瀛海环之”。

1844年，徐继畬完成书的初稿。《瀛环志略》初名《舆地考略》，后改名为《瀛环志略》。

该书全面简洁地介绍了世界各国的地理沿革，政情民俗，经济状况。书共10卷，总分图44 幅，文字近20 万字。三卷志亚细亚，四卷志欧罗巴，一卷志阿非利加，二卷志亚墨利加。书先为总说，后为分叙，图文并茂，共介绍了一百多个国家和地区。其中对亚洲、欧洲和北美洲的介绍尤为详细，对南美洲、大洋洲和非洲也有所记述。

梁启超在《中国近三百年学术史》中指出：“徐书纯叙地理，视魏书体裁较整。此两书在今日诚为刍狗，然中国士大夫稍有世界地理知识，实自此始。”

50米，一个颇有来头的寺庙被掩藏在一群新旧杂陈的店铺中，如果人们没有发现几乎看起来是临时搭靠在墙角的一个牌子，就不可能注意到那上面的三个大字：广济寺。和一旁精致而明亮的锐步专卖店相比，这个寺庙简直就是一个被遗忘的历史角落。

而徐继畬就寄存在这个庙里。

从大门而入，需要经过一段堆满杂物的过道才能进入广济寺，赵广文从一个屋里出来，略有意外地迎接我们。赵既是此地文物研究所的所长，也是徐继畬纪念馆馆长，他参与纪念馆的创立、守护和研究工作超过20年。徐继畬是近代山西最具世界知名度的人物之一，他的影响力不来自其福建巡抚、同文馆大臣等显赫的政治生涯，而是那本1848年秋刊行的《瀛环志略》。这本地理书对中国历史的影响从美国汉学家费正清以后，日益得到重视。不过直到今天，徐继畬的价值在中国似乎仍没有得到相应的尊重。

在五台县有重大发现的梁思成，其父亲梁启超在多年以前的一次重要人生际遇也与五台的徐继畬有关。在《三十自述》里，梁启超称自己途经上海，“购得《瀛环志略》读之，始知有五大洲各国。”这本书成了梁启超年轻时代观察世界的一扇重要窗口。

徐继畬纪念馆内存放着各年代版本的《瀛环志略》，这本书自晚清总理衙门设置以来，就成为出使欧洲的中国官员的必备参考书之一（徐在书里以开放的姿态已不再使用“夷”字来称呼欧美国家）。这些人里包括1867年的斌椿、1876年的郭嵩焘、1890年的薛福成。他们皆被誉为近代中国“走向世界”的著名人物。中国第一位驻外外交

自1937年梁思成夫妇发现佛光寺后，这里名声大噪，不过由于远离五台山主景区，只有少数外来者愿意单独驱车到这里参观，这些人群主要是历史和建筑的爱好者。

官郭嵩焘在出使英国后，曾惊讶于徐氏的能力：徐先生未历西土，所言乃确实如是，且早吾辈二十余年，非深识远谋加人一等乎！

始建于元代的广济寺原规模宏大，因年久失修和“文革”破坏，现仅存大雄宝殿一座，这里没有僧人，只有几尊栩栩如生的佛家泥塑还保存着些许香火气息。广济寺大殿前的一个房屋被改造为徐继畬纪念馆，馆前杂草丛生，一尊古旧的清代火炮被置于门口。在纪念馆前的一侧摆放着各种徐氏用过的衙门器具。另外一侧则不知道为什么，存放着一个巨大的关狗铁笼。2010年6月10晚，当我们第一次来到这里的时候，群狗乱吠，甚嚣尘上。

“徐继畬出生后，五台山及其灵验的佛爷，依然每年吸引成千上万的蒙古信徒上山朝拜。尽管徐继畬的祖居这样临近佛教圣地，却丝毫不能减轻这位儒士对印度宗教的强烈的厌恶情绪。”徐继畬的权威研究者、美国人龙夫威这样写道。如今，徐的纪念馆被放在一个寺院内，如此紧密地与菩萨相伴，也许是他未曾想到的。二者最大的相同之处如今看来是一样的门前冷落。一个工作人员在我们到来后才拿来钥匙匆匆将门打开，而当我们离去时，纪念馆再次被锁上。门口几条狗依然凶狠的狂吠声告诉人们，这里已很久没见到人群了。

大概是五台山的名气太大，游客几乎很少去主景区之外的寺庙。除了寂寞的广济寺，五台县内孤立于台怀镇之外的南禅寺和佛光寺的命运也好不了太多，只有少数外来者愿意单独去那里参观，这些人群主要是历史和建筑的爱好者。1937年，梁思成在发现佛光寺后激动地说：“我们找到了唐朝的绘画、唐朝的书法、唐朝的雕塑和唐朝的建筑。个别地说，它们是稀世之珍，但

东冶镇“朝元”巷内的住户多为徐姓，大部分是徐氏后人。巷子里很少有外人来，摄影师更是稀罕的访客。这个巷子的命名来源于这里出生的徐继畬朝考名列山西籍头名。

加在一起它们就是独一无二的。”作为中国建筑艺术的高峰，唐代留存至今的木结构建筑只有四座，它们全部在山西境内，而五台县的这两所寺庙就名列其中。

大概是规模较小和缺少梁思成林徽因拜访的传奇故事，南禅寺比佛光寺更加落寞，以至于我们到来时发现空无一人的寺庙需请工作人员特意把门锁打开。这个小寺庙是中国现存最早的木构建筑，如同梁思成夫妇错过南禅寺一样，现在的游人也一再错过它。

朝元巷，徐立栋

东冶镇是五台县乃至忻州市的第一大镇，名称因古为冶炼铜铁之地而得。徐氏是这里最主要的大家族之一，徐继畬就出生于当地称为东街的地方。1851年，徐继畬因处理福州神光寺两名英国人入住问题，被降职回京，次年被削职回乡。他回到山西故乡的第一个计划是寻一个栖身之地，最后清贫的归乡者终于以勉强的财力在世代居住的东冶镇买下了一片土地，“乃得苫盖数椽为藏身之地”。

朝元巷的入口处，挂着一块斑驳落色的木牌子，上面“徐继畬故居筹建处”的字饱经风雨的模样仿佛已经历了几个时代。这里的人告诉我们，筹建处已筹建了10年以上，目前还是没有最终的着落，资金问题是最棘手的难题。“朝元”巷的命名来源于徐继畬朝考名列山西籍第一名，现在巷里的住户仍多为徐姓，大部分是徐氏后人。小巷里显

1998 年6 月29 日上午，美国总统克林顿访华，在北京大学发表演讲：从我居住的华盛顿特区白宫的窗口向外眺望，我们第一任总统乔治·华盛顿的纪念碑俯视全城。那是一座高耸的方形尖塔。在这个庞大的纪念碑旁，有一块很小的石碑，上面刻着的碑文是：美国决不设置贵族和皇室头衔，也不建立世袭制度，国家事务由舆论公决，美国就是这样建立了一个从古至今史无前例的崭新政治体系，这是最奇妙的事物。克林顿北大演讲，是继美国第17任总统安德鲁·约翰逊向徐继畬赠送华盛顿画像之后，第二位美国总统对中国这位民主先驱的尊崇。

徐继畬纪念馆和广济寺同处一院，除了他的画像，此处最重要的收藏大概就是各年代版本的《瀛环志略》，这本地理书对中国历史的影响从美国汉学家费正清以后，日益得到重视。也成为出使欧洲的中国官员的必备参考书之一。

然很少有外人来往，偶然的聚会是几户人家蹲坐在入口处“朝元”的题字下聊天。祖上的荣光如今已不再能庇荫后代平淡的生活。

朝元巷17号是个不大的院落，不过我们见到徐立栋仍是在跨过4个门槛后。几番院内的拐弯后，迎面而来的是一座精致玲珑却已明显失修的门楼，苍凉而颇具气势的主屋随后出现在眼前，这里就是为数不多的徐继畬慕名者在东冶寻觅的目的地。

事实上，徐继畬生前的家宅远比现在的17号院来得大，不过经过几番分割、改造后，如今只有这里的住屋才被称为故居，徐立栋则成为老宅的守望者。

目前故居里住着3户人家，徐立栋和自己的后辈就住在这里。86岁的徐立栋神采奕奕，手脚利索，裤子和脚下的鞋子仍带有浓浓的旧式山西味道。这一切大概与其行伍出身不无关系。老人告诉我们，他曾是阎锡山警卫团的一员，后来参加解放军后曾跟随志愿军到朝鲜打仗。不知哪个话题谈到了朝鲜战争的残酷，他似乎有点激动，在不太能听懂的五台话嘟囔中，我只听清了反复的几句：“都死了”、“都死了”……

总的来说，参观者很少，不过还是断断续续有些人找过来，其中包括美国人和日本人。美国人与徐继畬似乎一直颇有缘分，他们创办的《中国丛报》较早关注了在福建、广州从政的徐继畬。该刊在1843 年报道了徐作为广东按察使抵达广州，这是英文出版的文献中第一次提及徐继畬。出版者裨治文似乎已经注意到，徐是一个对中国与西方人的关系看法有重大转变的务实官员。与徐接触过的西方人发现，“这位中国高级官员实在非同寻常。在他们心目中，徐继畬不仅光明磊落，公道正派，而且十分礼貌友好。”

作为最先来华的美国传教士之一，雅裨理在厦门愉快地接受了徐继畬关于世界历史地理的各种询问，帮助他复制地名用中文标注的地图，并为自己遇到如此一位开明的中国官员而备感兴奋：“他是我迄今见过的高级官员中最爱寻根究底的中国人。”在1844年的前2个月内，雅裨理两次拜会了徐继畬，虽然后者对宗教的冷淡令他失望，却无意中成为其扩大世界视野的得力助手，成为《瀛环志略》一书主要的消息来源。日后在书中，徐继畬至少6次提到了雅裨理，并在序言中坦承美国人的贡献。

《瀛环志略》最出人意料的文字包括徐继畬对美国政治与华盛顿的赞赏，他用典型的中文笔法描写遥远的美国国父：“提三尺剑，开疆万里，乃不僭位号，不传子孙，而创为推举之法，几于天下为公，駸駸乎三代之遗意。”这在当时，是一次大胆而准确的判断。中国人近现代对美国人的肯定和好感几乎在此被定下了基调，历史学家熊月之称“徐继畬的华盛顿论在近代思想史上具有开创性的典范意义。”1853年，由美国传教士丁韪良推荐，徐继畬对华盛顿的评论被立石刻碑，送到美国镶嵌在华盛顿纪念塔内。如果今天前往美国，努力在1884年落成的华盛顿纪念塔的第十层观察，人们仍可以发现这几句话，其落款为“大清国浙江宁波府镌，耶稣教信辈立石，合众国传教士识”。

朝元巷17号里，徐立栋成为徐继畬老宅的守望者。目前徐立栋和自己的后辈住在这里。86岁的老人精神很好，衣着装扮仍带有浓浓的旧式山西味道。

为此，美国第17任总统安德鲁·约翰逊制作了一幅斯图尔特的华盛顿画像的复制品送到中国。1867年10月21日，美中双方举行向徐继畬赠送华盛顿像仪式。对此，《纽约时报》还饶有兴趣地进行了报道。130年后，1998年6月 29日的一个上午，美国总统克林顿在北京大学发表演讲时再次提到了徐继畬：“从我居住的华盛顿特区白宫的窗口向外眺望，我们第一任总统乔治·华盛顿的纪念碑俯视全城。那是一座高耸的方形尖塔。在这个庞大的纪念碑旁，有一块很小的石碑，上面刻着的碑文是：美

唐代留存至今的木结构建筑只有四座，它们全部在山西省境内，而五台县的南禅寺和佛光寺就名列其中，它们不仅是著名的中国早期木构建筑，其杰出的唐代雕塑更是令每一个参观者为之动容。

国决不设置贵族和皇室头衔，也不建立世袭制度，国家事务由舆论公决，美国就是这样建立了一个从古至今史无前例的崭新政治体系，这是最奇妙的事物。”

而日本人对《瀛环志略》的熟悉甚至超过了同时代的中国人，该书和魏源的《海国图志》一起，成为影响日本人近代世界地理观的主要参考。幕府末期的著名学者柳河春三在1861年出版的汉文本《横滨繁昌记》中，有“舶来书籍”一节，其中介绍的近刊汉文西书已

这是一幢典型的晋北四合院式的建筑，院内正面为主房，两侧是厢房。1901年，徐向前就出生在这里，不过老的故居早已坍塌，这是徐向前去世后各级政府重新修建的“新故居”。

经提到了《瀛环志略》。

不过，总的来说，美国人和日本人的来访属于极少发生的事情。在更正常的生活里，徐立栋几乎连参观的中国人都很少遇到。不过老人显然知道来访者的兴趣所在，他领着我们进屋。老房子内阴暗晦涩，日光似乎一下子被门死死隔离在外，陌生的访客如同一脚迈入了另外一个时空，伸手可触屋内百余年前的湿润气息。

徐立栋在老房子里为我们展示了家谱和名人题写的字画。屋内挂满四壁的各种政治人物和宗教画像令人眼花缭乱，局促的空间只为主人留下了一张大床和一台电视，电视不大，不过可以收到很多五花八门的节目。徐告诉我们，他最爱看的节目是战斗片，“打日本鬼子”那种。

大约三个小时后，我们准备告别这里。徐立栋出来送我们，走到院里的时候，他饶有兴趣地指着一个盖着铁条的地洞口介绍说，这是藏土豆用的。角落里堆砌的煤球，盆里满满的自种葱叶，显示了他的日子并不太宽裕。

徐立栋坚持送客人到门口，当我们走开一段距离，我回首看去，发现他还立在门口目送着客人离去。对80多岁的徐立栋来说，先人徐继畬也许是惟一能给他带来热闹的人，而在短暂的热闹之后，他还要回到那个老屋去打发有点寂寞的日子。

走出朝元巷，我们试图在东冶镇上寻觅一些其他的近代遗迹，镇政府的刘秘书对此表示为难，称那些东西基本都

佛光寺前做生意的商贩，由于游客稀少，她们常常一天也卖不出几件自己制作的手工艺品。

拆掉了。大概确实如此，这里是“山西省小城镇建设试点镇”，建筑工地随处可见。于是我们去寻找就在附近的另一个既定目标：槐荫学校。

槐荫村是东冶下属的一个颇有历史的村子，素以教育著称，1913年曾破天荒地建立了五台县第一座女子学堂，受过教育的女子被当地人编入顺口溜刮目相看：“东冶的馍馍，大兴的糕，槐荫的姑娘不用挑。” 如果不刻意寻找，守在路边的小村庄非常容易擦肩而过，这里如今吸引外来者的惟一地方就是槐荫学校。

学校的兴建来自于本村的一位将军，赵承绶。赵早年毕业于保定军校，后任晋军骑兵司令等职，抗日期间八路军第120师在晋西北的部队即归于他的麾下，据说师长贺龙与赵性格相投，双方一见如故。1933年，赵承绶在槐荫公立学堂的原址建设了“槐荫村两级小学校”，依山而建的学校气势恢弘，设备完善，图书馆、实验室、文体设施相当齐全，成为当时山西甚至全国的一流学校。70多年过后，当我们进入现在的“槐荫中学”，院内雕梁画柱的中式老建筑依然令人眼前一亮。

在印有“乐在其中”标语的一座建筑前，我们推开了一扇腐朽歪斜的木门，弯腰钻入学校的旧式大礼堂。如今里面显然已成了废弃杂物的天堂，不过优雅如戏台一般的高台和年久失修的钢琴还是让人依稀可见其美丽的往昔。强烈的阳光从破败的窗口投射进来，迎着阳光望出去，可见宽阔的操场和无尽的远方。那些曾经坐在礼堂内的学子们，就是在如此环境中感受着青春的曼妙和家国的危亡。

拾阶而下走出学校，一眼可见校门口那面黑白墙壁，上面介绍了几位从这里走出的省部级官员，与很多当下的中国学校一样，财富和“级别”是遴选杰出校友最主要的指标。

永安村的徐向前

前往永安村徐向前故居的道路正在重修，经过短暂颠簸，我们来到故居门前巨大的停车场。因为免费的缘故以及徐元帅的影响力，这里显然比徐帅的家族前辈徐继畬的故居要热闹很多。不过，据一位戴眼镜的女工作人员介绍，即使是旅游旺季，每天来这里的参观者也不过四五十人。而现在显然是淡季，在我们逗留期间，摄影师的镜头所能捕捉到的只是偶然出现的三两个人。几位工作人员对摄影师的到来显然也感到一丝兴奋，似乎为自己平淡的生活增加了几分乐趣。

1901年，徐向前就出生在这里，不过老的故居日后已经坍塌，徐向前去世后当地政府重新修建了“新故居”，总面积约为330多平方米。这是一幢典型的晋北四合院式的建筑，院内正面为主房，两侧是厢房。丰富的图片详细介绍了这位元帅的戎马一生和生活细节，在军旅生涯中，西路军的图文经常引起游人更多的兴趣，这段历史因为复杂的中共内部斗争和这支军队残酷的结局而淡出主流历史典籍。

建安村的徐氏宗祠颇有规模，在约5000 人的村子里，徐家的后代多达3000人。每年的清明节，约有几百人至此参加祭祖活动，其中包括外省和海外的子孙。

徐向前逝世后，当地政府对故居多次维修，故居环境大为改观。如今在故居的旁边，正在建设着新的楼房，据说那是另外一个相关工程。

出门不远，我们进入村庄，在几个窄窄的弯道后，久违的朗朗读书声从一面国旗杆后面的两层小楼里传出，那里就是徐向前希望小学。永安村大约只有800人，其中姓徐的人家就占了500人左右。小学的在校生只有55人，校长说孩子们正在准备6月15日的期末考试。学校内的徐氏宗祠是我们的目标，一位名叫徐降文的老者被同行的东冶镇政府的刘秘书电话叫来开门，刘曾在永安村任职，对这里很熟悉。

宗祠门口有文字显示这里修建于道光元年，而里面的石碑则记载建于明朝嘉靖年间，重修于2000年3月。院子里荒草丛生，只有几处野花还能略显一丝勃勃生机。屋子里最显眼的东西就是墙壁上的毛笔小楷，上面密密麻麻写满了家族的人名。徐降文变戏法一般从角落里抓了一把糖要发给我们，他说，每年的大年初一家族会过来举行祭祀。糖块是祭祀时吸引孩子们的东西。

直到从希望小学出来，我才注意到入口处的一面墙上，写着两行来自铁路警察的警告："远离朔黄铁路，保全自身安全"。几百米外，不时传来刺耳的火车笛声，运煤的火车大约每15分钟经过一次永安村，高峰期的间隔则只有5分钟。火车上满载的优质煤炭被源源不断地输送到黄骅港，在那里，它们的下一个目的地是日本。

距此不远的建安村，有一个更大规模的徐氏宗祠，不过进入这个地方却比我们设想的复杂。建安村虽然距离通往五台山的公路不远，短短的几公里走起来却相当困难，运煤的大卡车将道路碾得坑坑洼洼。

听说我们的到来，一位姓师的乡长带路前往徐氏宗祠。也许是好久没有人来了，一时难以找到打开宗祠门锁之人，在进入第一道门后，我们在写着"传家"和"耕读"的院子里等了很久，最后另一位姓徐的乡镇干部决定用铁锤将铜锁砸开。巨大的金属撞击声似乎惊动了附近的村民，几位好奇者溜进了院子，想看看这里究竟出了什么事。

五台县内的尊圣寺虽然也是全国重点文物保护单位，却几乎无游客知道，因此虽然免票也少有外人观光，目前来这里的主要是附近修行的居士。

在约5000人的建安村里，徐家的后代多达3000人。

在进入第二道门后，一位年纪尚不算大的阿姨忽然拿着一把钥匙匆匆赶来。她叫赵秀兰，丈夫是看管祠堂的徐家后人，她为我们打开了宗祠最后一道大门：照片、楹联和各种旧式器物立即填满了众人的眼睛，一个大家族的命运在这里被紧密联结起来。徐继畬和徐向前的照片占据了侧面的一面墙，他们是这个家族过去100年里最值得骄傲的人物。正如徐继畬画像上方的一行字所写的，“汶山灵秀昔有松龛，今有向前”，松龛即为徐继畬的名号。

临走的时候，赵秀兰告诉我们，看护宗祠必须很小心，因为前几年发生过失窃的案件，主要的损失是徐继畬的一幅画像被盗，那是从台湾送来的东西。每年的清明节，约有几百人至此参加祭祖活动，其中包括外省和海外的子孙。

有着高墙和地道的阎锡山故居如一座封闭的城堡。始建于1913 年的故居，直到1937 年才建成现在的规模。巨大的民国时代建筑如今在不太富裕的河边镇里显得非常突兀。

阎锡山的城堡

河边镇距离徐向前故居很近，这里曾经属于五台县，不过现在属于定襄县。所以在阎锡山故居的导游那里，游客经常可以听到这样一句介绍：最后解放军攻克太原，是五台的徐向前击败了阎锡山，仿佛那一段历史的风云际会浓缩于这小小几十里的故乡之地。

1949年4 月24日，解放军攻克太原，时任省政府代主席的梁化之自杀，宣告阎锡山38年之久的山西王生涯结束，阎将几代家族成员几乎全部带往台湾。

始建于1913年前后的阎锡山故居，直到1937年才建成现在的规模。巨大的民国时代建筑如今在不太富裕的河边镇里显得非常突兀。此处资源贫乏，这所故居无疑是最大的旅游资源，不过如何

“槐荫学校”，依山而建，气势恢宏。70多年过后，学校的旧式大礼堂优雅不再，里面显然已成了废弃杂物的天堂，只有年久失修的钢琴还让人依稀可见其美丽的往昔。

在大做推广的同时，又符合这个“负面人物”的历史地位是个令人头疼的问题。事实上，尽管此处距离五台山很近，工作人员称各级领导到此处参观的人很少。不过，这个问题似乎被当地很好地解决了：一方面，故居的一部分被冠以民俗博物馆；另一方面，这里被定位成“旧中国官僚最大的私人官邸”。

耗银 140万两，拥有30座庭院、800余间房屋的建筑群之所以主体能被保存至今，据说主要是1949年后这里住着军队和作为精神病院使用。

普通游客显然对阎锡山颇有兴趣，这里是我们此行几处遇到游客最多的地方。巧合的是，带领我们参观的本地女孩也姓阎，不知道是否是为了配合民国的建筑气质，她身着一身淡雅的旗袍，对此最感兴趣的无疑是我们的摄影记者。

阎的故居如同一处庞大的历史时空场，中国近代以来众多人物在这里穿梭往来。孙中山1911年为阎锡山题写的“博爱”两字被置于院内入口最显赫的位置，显示了这位历史人物在历史上有着复杂的经历和思想。1905年10月，留学日本军校的阎锡山加入同盟会，他曾会见孙中山并参与制订了同盟会的“南响北应”的战略，即“南部各省起义时，须在晋省遥应”。从此，阎锡山登上了政治舞台，其政治资本首先就来自孙中山。

蒋介石、冯玉祥、朱德与阎的交往也被蜡像栩栩如生地表现了出来。蒋介石、冯玉祥都曾光临这里，并与阎锡山的父亲有所交往。曾颁布《人民须知》和《家庭须知》，宣扬儒家伦理道德的阎锡山是个地道的孝子，同盟者和敌手们试图通过其父来影响这位地方实力派，为自己在风云诡谲的中国近代政治舞台上添加重要的砝码。

抗日战争爆发后，因中原大战下野的阎锡山以高价收买机师，在1931年8月5日乘飞机潜回大同，随即转赴家乡河边村“隐居”，随后从这里东山再起，出任第二战区司令长官。而由红军改编而来的朱德统帅的第18集团军，正是这个战区下辖的军队之一。

当地的导游称，阎锡山在当地口

永安村的徐氏宗祠内满是照片、楹联和各种旧式器物，外来者能够感到，一个大家族的命运在这里被紧密联结起来。徐家的杰出前辈徐继畬和徐向前的照片占据了这里的一面墙。

碑不错，其一是因阎待下人厚道；其二是他的“六政”、“三事”等功绩。前者为1917年10月发表的“六政宣言”，即推行水利、蚕桑、植树与禁烟、天足、剪发（男人剪辫子），后者为种棉、造林、畜牧。在阎锡山的治下，山西曾维持了一段时间的和平与安定，一度有“模范省”之誉，曾吸引了河南、山东、河北等大量灾民涌入。“山西王”的部分政绩在故居的生平展览中得到承认。

距离河边镇不远的前辈徐继畬显然也影响了阎锡山，他在光复山西向全国的通电中曾自豪地说，早年“窃读乡先正《瀛环志略》书”。此后，他支持将徐继畬的著作精华汇编为《松龛先生全集》。

短暂的逗留以登临最高处的一次俯瞰而结束。从这里望下去，有着高墙和地道的旧式故居确实如一座封闭的城堡，抬眼穿过院墙，一处名为“百川”的路边饭馆显得十分突出，大概只有这个字号还能让为数不多的旅游者突然想起，这里曾经是阎锡山的地盘。

尾声：任复兴

当中国大学恢复研究生招生时，著名历史学家、华东师范大学陈旭麓教授曾在考卷上出了一个关于《瀛环志略》的题目，据说大部分考生不知其为何物。而此时，大洋彼岸的一个美国人却历尽十载，写成了《徐继畬及其〈瀛环志略〉》一书。龙夫威是费正清的第三位聚焦于徐继畬的研究生，此项研究使他获得了哈佛大学历史学和东亚语言学博士。1975年出版的这部论著，是他

徐继畬研究专家任复兴，1990年他翻译了费正清弟子《徐继畬及其〈瀛环志略〉》一书，该书被认为是关于徐继畬和《瀛环志略》研究的经典之作。

与繁体汉字斗争的结果，引用近200种资料的著作虽字数不多，却被认为是迄今为止最经典的关于徐继畬和《瀛环志略》的著作。

而15年后把这部著作引入中国的正是任复兴，他是《忻州日报》记者。现在他的身份又多了一个：徐继畬研究会会长。那次翻译出版得到了当地驻军、煤炭产销单位的支持。

2010年6月，我们在结束五台县之行后的一个下午，在太原文化宫的一个画室里见到了任复兴，这个名人画室是他每个周末待的地方，这里主要经营当代著名画家董寿平的作品。任是董寿平的传记作者，他在这位山西籍画家生前曾作了近百小时访问录音。

当然，即使是在小小的画室里，最多的东西还是围绕徐继畬的各种书籍。

任复兴略带山西口音，面色和蔼，颇有中国旧式文人的从容和内敛，在一堆各种古书的桌子背后，他一边翻书一边谈着自己的写作计划。任复兴的计划是为徐继畬和其父亲徐润第分别写一部传记，他认为前者在《瀛环志略》中体现出的卓越洞察力，主要得自其父亲、心学家徐润第的《敦艮斋遗书》，后者为清乾隆六十年进士，如果没有其子的成就，很多人根本不知道他的存在。

虽然以研究徐继畬著称，不过任复兴的研究视野其实相当开阔，这位山西知识分子通过徐继畬打开了历史之门，正在努力实现着自己更大的文化抱负。

撰文/李　礼　摄影/王　牧

保德：黄河边的保德城

翻开中国地图，在几字形的黄河下竖处上中段，出现一个很小的横向回流段，保德就处在这个小圪弯弯处。保德的名称取自“民保于城，城保于德”。这句话源自《左传·哀公七年》。其核心指的是传统“德”中的“信”和“仁”。

油枣上的童年梦。寨沟村张明义家年年都要做几十吨糖枣，是保德富裕起来的农户。

陈家梁村的留守老人。他们依然对脚下这片土地热爱得深。

2009年10月，我沿黄河将保德县从北到南穿越两次，发现保德腹地的村庄与著名的碛口古镇周边的村庄相似，都由层层叠叠的窑洞构成，窑洞内一律砌着土炕。因为地理环境使然，窑洞几乎都是石质的，几百年纹丝不动，只有老旧的尘埃证明它们已经历了岁月更迭。那里的村民们，一边按部就班地过着日子，一边将脚步踏向外部的喧嚣世界。留守的老人、儿童、妇女居多，青壮年男人大多到外面闯荡去了。

翻开中国地图，在几字形的黄河下竖处上中段，出现一个很小的横向回流段，保德就处在这个小圪弯弯处。黄河沿着保德的西部边缘由北向南穿过时，在流经县城的一段，却突然由东向西流，然后大约在林家沟始再慢慢地转至从北向南流。九曲黄河的魅力在保德尽显。保德县位于山西省西北部，黄土高原东部边缘地带，背靠巍巍吕梁山，面临滔滔黄河水，处于黄河中游的晋陕大峡谷，曾经也是著名的水旱大码头。保德的县城与陕西府谷县县城隔岸相望，像黄河两头的双胞胎弟兄，分属两个省的这两位黄河弟兄，通婚的人家自古就不少。

在1938年3月，号称“小杭州”的繁华保德古城毁于日本人之手，大火在古城燃烧了三天三夜。现在的保德县城是在原县城的东关镇重新建立起来的，因此它更紧地依向了黄河 ；而旧城已蜕化成一个村庄，即城内村。

初接触保德，保德人就毫不犹豫地告诉我它的名称来历：“民保于城，

保德的二人台。义门镇老干部文艺宣传队是一支自发组织的队伍，每周都要活动两次。120平方米的场所是曹春梅无偿提供的。

城保于德。”这句话源自《左传·哀公七年》，大意是百姓由城邑来保护，城邑由德行来保护，其核心指的是传统“德”中的“信”和“仁”。保德历史悠久，早在西汉即置有宣武、武车二县，后或旷废，或为州为县。保德作为地方行政区，始于宋淳化四年（993年），初名定羌军。军为宋朝地方行政区划名称，级别同下州。“定羌”，含有军事力量威镇的意思。后改为保德军，体现了宋廷由武备转向文治的时代特点。景德四年（1007年）保德军改为保德州。金大定十一年（1171年）置保德县。大定二十二年（1182年）复升为州。民国元年（1912年）改州为县，直属山西省。保德之名沿用至今。现为山西省忻州市管辖。

陈板次和白换姚随意站在陈家大院外，便放开嗓音唱起来，狗也上前凑热闹撒欢。

唱歌的保德

对坝坝那个圪梁梁上，那是个谁？
那就是那个，要命的二妹妹。
妹妹你在圪梁梁上，哥哥在这沟，
看准了哥哥，你就摆摆手。
那面阳坡坡上，长着十样样草，
十样样看见妹妹，你就十样样好。

这首民歌，在保德流传最广，也是

据专家考证完全属于保德版权的一首民歌。我在保德，最先听到的也是这首词曲简单、音域宽广、感情奔放、气韵高亢的民歌。喝了酒的保德人一旦唱了，便用一双眼睛紧紧盯着你，将歌中的深情演绎得淋漓尽致，酒店的房间不高，炸雷般的歌声直冲天花板，最后在房间弥漫开来。

保德北邻的河曲县，民歌在全国似乎更有名气。但是保德人认为保德民歌只是没做宣传而已。在黄河由西向东转而由北向南的拐弯处，即晋陕蒙接壤的三角地区，蕴藏着一种特殊的民间文艺，就是北方民歌。陕北的“信天游”，内蒙古的“爬山调”，河曲、保德的“山曲子”同属这种类型的民歌。在长期的交流过程中，互相借鉴融合，你中有我，我中有你，最后谁也很难分清哪首歌最初是谁先唱出的。保德县文管所的王引为老师冲我对保德民歌的热情劲，慷慨赠我一本1980年代初编印的《保德民歌》。牛皮纸封面，里面的纸张已泛黄，是人工油印的200首未经加工修改、原汁原味的民歌，包括词与曲，全部是由当时文化馆人员深入村庄采制录音，最后整理所得。有许多歌手，今已作古。王引为亲自参与了这次采风。他说这是第一辑，原本要续第二

路遇林遮峪村的五位小朋友。他们正在一片浅水处玩耍。

辑的，可惜计划因故流产。

“大红那油枣房梁吊，满嘴嘴白牙牙对哥哥笑。黄生生的油梨黑把把，巧嘴嘴对哥哥拉话话。”——刘家畔·王桂英唱

“白天那想你呀对人家说，黑夜那想你那枕头上哭。想你那想的呀上不了炕，炕楼上画下个人模样。”——扒楼沟·冯五十一唱

“山在水在石头在，人家都在你不在。马家滩困住了一只船，天河水隔住了两头头难 。”——腰庄·二毛有

“担上油枣那进后滩，受苦受罪是为爹妈。十冬腊月那走岢岚，受罪的那人实可怜。”——冯家川·利利

“半夜那走路遇上狼，鞋钵钵打来石砂砂扬。你走东来我走西，咱二人到此两分离。”——赵家峁·赵锁年

保德民歌俗称曲子、山曲子、酸曲子。赋、比、兴等传统艺术手法运用广泛。大多为两句一段体，也有四句一段体，无论哪一种，既可以单独歌唱，也可以数首连缀成一个较完整的篇章。一般讲，每句歌词以七字为准，但唱时可增可减衬字衬词，随意发挥，既规整，又相当自由，显示了民间音乐的随意性和灵活性。另外，保德民歌又运用了大量的双声叠韵词，听起来更加

钓鱼台石窟外观。现存有六个石窟。

旧街，略高的人行道赫然建在路中间，与两边的路形成三等分。两侧车流滚滚，中间的行人却悠悠地散着步，成为保德一景。入夜，小吃摊开始营业。

亲切体己。

2009年10月15日，我们去了陈家梁村。听说要找会唱民歌的人，村长便热情地打电话叫来了两位中年妇女，45岁的白换姚和47岁的陈板次。让她们随意站在陈家大院外，两个人便放开嗓音唱起来。村人听见了，都出来争看，村里有个十人的班子，平时常走村串巷为人助兴。民歌的传唱已不像过去那么流行，但毕竟还能在村庄里听到，而保德城里的年轻人同全国的年轻人一样，他们嘴里哼唱的已经是流行歌曲了。

保德的文人陈秉荣老师于2008年编著的《大河采风》里，有一多半的篇章是有关保德民歌的。这些民歌基本形成于20世纪 30 到 60 年代。分歌头、颂歌、劳动歌、走西口调、情歌、酒歌、杂歌。如劳动歌《放羊调》："背上干粮叫上狗，哪一天不在你家门前走。//背上干粮叫上狗，我和哥哥相跟上走。//山羊绵羊都赶上，要死要活相跟上。//马走大路羊走畔，为朋友为下个放羊汉。// 山羊绵羊五花羊，小妹子爱你没商量。……唱起那山曲子惊动了羊，放羊的哥哥着了忙。//叫声妹子不要唱，羊儿乱跑吃不上。//羊走沟底我走梁，因为瞭妹妹狼吃了羊。//阳婆一落火烧山，放羊的哥哥往回转。//大羊叫唤羊羔羔吼，放羊的哥哥回来了。"

著名歌唱家马玉涛，就出生于保德的马家滩村。她小时候住过的四合院还在，里面现住着故乡人。这是一处清朝年间的老房子，从门楼、窗棂、屋脊等处的精雕细刻处，可看出当年的华丽和精致。不知道她的高音是不是与保德这片多陵的土地有关，是不是小时候站在山峁上吼出来的。保德人至今还在热用一个动词——"吼"，"叫人去"在这里被称为"吼人去"。似乎不吼出来，那对坝坝上山圪梁梁上的人儿就无法听见。

倔强的人们

关于保德人性格，问到的保德人无一例外地都点到了倔，男人、女人都倔。不过承认自己倔的保德人却很少吵架。来到保德的街面上，看到的是一种悠闲和从容。此地人多地少，县城的人口密度很大。但是这么多倔强的人被一个丁字形的街道分割、融合，却偏偏其乐融融。

保德县城现有两条主干道，一条是新街，东西向，即平行于黄河的府前大街，县委县政府就在这条街上。繁荣整洁的街道有明显的现代气息，而与府前大街呈丁字的是一条南北向的旧街，略高的人行道赫然建在路中间，与两边的路形成三等分。两侧车流滚滚，中间的行人却悠悠地散着步，成为保德一景。原来，在旧城改造中，将由南而北流过的梅花沟水加盖水泥板，做人行道用，而两侧的街道依然叫梅花西街和梅花东街，但看着是一条大街却有两个名字。这条保德人习惯称作旧街的街道异常繁华，想领略保德人口的密度和探究“小香港”称号的原由，就到这条街上来。白天，人行道上的行人川流不息，而到暮色初起，下班回家的人更是将人行道装了个满，夜市小吃摊也在这人行道上开始营业。这么多人挤在一处，却无吵嚷声，老百姓的日子已非常默契地汇聚在一起，款款向前流动。

但保德人还是有点倔。那天晚上，结束一天的行走，在饭桌前我就非常想听到有名的保德民歌，非常想让随便一个保德人能随便就吼出一两声原汁原味的民歌来。但这一愿望的实现却耗了我一个小时，让我说了一箩筐好话，也让白酒燃红了脸。

保德历史上有两个名人，他们的人生结果与倔也有关。

保德县故城村的沿黄河悬崖上有个叫钓鱼台的地方，有一组石窟建筑，明末五省总督陈奇瑜曾在此隐居。现有大小六个石窟，其中有陈奇瑜当年的起居室，方形，面积不大，面向黄河有窗口，地下的暗道通往别处。悬崖上的栈道痕迹十分明显，向上攀登可以通向村庄。陈奇瑜，字玉铉，山西保德县城内村人。这个生前因镇压农民起义军受“帝嘉劳之”，后又因不慎放纵农民起义军被捕下狱继而流放回老家的保德汉子，在历史上毁誉参半。用心计胜了陈奇瑜的李自成队伍，不知在背后是不是感激保德人的豪爽守信。反正被流放回老家的陈奇瑜，却选择了易守难攻的黄河绝壁。石窟开凿花费了三年时间。不知他是仗打多了心有余悸，还是决心潜心面壁信佛，过自在无为的生活。这处供人居住的石窟设计精巧，天人合一。端坐于石阶上甚至只要从窗户里伸出钓鱼竿，便可悠悠垂钓于黄河，这样的生活也算是人生奢华到家，清静到家。但是，朝代更迭，清廷以“未获准”而“私修钓鱼台”，及蓄发不剃不做清朝顺民为由，将陈奇瑜施以极刑。陈死

钓鱼台就建在黄河绝壁上，易守难攻。

黄河滩上一个挨一个的枣园子。收获时节，拾枣成为持续数日的一项劳动，且需发动一家人参加。

后，葬于距钓鱼台五华里的林家沟村“陈氏佳城”。

这个倔强的保德汉子，在十分复杂的政治斗争、阶级斗争、民族斗争中慷慨守节而去。而在私人的生活中，陈奇瑜却给人留下了一副温柔的面目。

陈奇瑜有个胞妹叫陈敬，自幼许配郭氏为妻。后郭氏家道衰落，郭氏本人又无行，所以陈奇瑜爱妹心重，便劝说妹妹退掉这门婚事。但是时年已16岁的陈敬，在封建礼教的熏陶下，耻于“好马不备双鞍，好女不嫁二夫”遂自缢身亡。她的倔强，不输哥哥陈奇瑜。两个人都为了内心的准则，不惜抵掉宝贵的生命。天启皇帝知道这件事后，赋诗一首并赠陈敬烈女称号，崇祯三年建牌坊崇祀。但到了清顺治五年，陈奇瑜被清廷处斩，这个死去的妹妹也受到株连，烈女祠被捣毁。现存的烈女祠是清康熙年间，陈奇瑜的侄孙陈大谟重建，位于保德县南关村西北隅。祠堂是坐西向东的两进小院。山门外有砖雕牌坊，坐南向北。这座牌坊一式两用，坐北向南方向是“五省总督”坊，其联曰：“名与孙卢齐海内，治同道黄泽天中。”坐南向北方向是“烈女”坊，其联曰 ：“一十六岁能完节，二百余年重建坊。”

走西口

在保德走西口民歌《惜别》中，女声唱道：“……人生地生到处生，西口外没有你认得的人。送哥哥送在大门外，两腿发软我回不来。哥哥走来妹子瞭，泪蛋蛋抛在大门道。哥哥走来妹子瞭，哭红了毛眼眼心锤锤跳。瞭得哥哥

火就生在土洞里，地面铺上约半尺厚的枣，烟气腾上来熏。然后，熏完再晒，再熏。反复三次，熏枣便做成了。

翻过山，手巾巾揩泪擦不干。越瞭越远越心惨，泪蛋蛋遮住了毛眼眼。泪蛋蛋本是心上油，谁不心疼谁不流。……”

男声唱道：“……斜三颗星星顺三颗明，撂下穷村子撂不下人。撂下村子撂不下你，泪蛋蛋咽在肚子里。咬住牙关哭上走，泪蛋蛋抛得抬不起头。一出大门泪蛋蛋抛，跑口外跑得心惨了。一出大门掉一掉头，撂不下小妹子不想走……走一步来挪三挪，哥哥走口外没奈何。”

走西口，最直接的影响是人间离别，尤其是男女间的情爱离别，这种生生的离别给走西口抹上了一层忧伤的色彩。潇洒外出奔好日子，还是厮守在一起平凡相爱，永远都是人生的一大选择难题。

史上，处于晋西北的保德、河曲“走西口”最为普遍，也最有代表性。普遍性是指“走西口”的历史长，人数多。不过保德人由从事农业经济活动，逐渐转向了从事以生产、经营中药材甘草为主的商品经济活动。到1949年以前，保德人经营的甘草行业在内蒙古地区取得了垄断地位。

一直以来，人们对走西口的理解似有误区。其实历史上的走西口浪潮，是人们渴望摆脱贫困，勇敢探向未知的举动，也是政府缓解社会压力鼓励人们开发边疆的措施，除了人们以为的血泪史，更多的是人们在口外那片广袤肥沃的土地淘到了第一桶金。据不完全统计，保德人在内蒙古的人数占保德所有人口的三分之二，而目前全县境内的保德人只占到三分之一，可想而知，走西口让人多地少的保德人找到了另一条出

故城村魁星阁的二层也被邻近的村民利用起来，晾晒收获的红枣，既通风又遮雨。

路。当时的雁北人要从右玉县的杀虎口过关入蒙，而保德人因为处在晋西北，所以走的是另一条路线。即直接从东关渡口离境过黄河，进入陕西省府谷县，经故城乡入蒙。陕西省故城乡是座边陲重镇，城中的关帝庙是清朝时期的蒙汉分界处，设有关卡，因此这个城门洞口也叫作“西口”。大多保德人走的是这条道，穿过这里，就真正进入西口外了。

2009年10月11日， 细雨霏霏。我们开车从保德县城出发，5分钟后便跨过1972年修筑的黄河大桥，进入陕西省府谷县城。约半小时后见到路边有一块小型的方形石碑，写着石庙墕村，并看到一处红色的庙宇。同行的王培祥师傅随口讲了句原走西口时留下来的顺口溜：“路过石庙墕，打火抽一袋烟。”这里离保德还不算远，但毕竟已是异乡，不妨烧灶香，抽袋烟歇息一下，攒足了劲，再起身，回望家乡的方向，再转头就真的向西口走了。

我记下了这些在路边的村庄标志，张家峁，小字沟，西王寨，清水川乡，南梁村，黄甫镇，墙头乡，麻镇。大多村庄只见标志，村庄还隐在山丘深处，而路过麻镇时，看见一座古门楼就在路旁不远。过去那是走西口人的必经地，但如今已修了盘山公路，便不再需要穿过古门楼了。车到故城乡，路边的地势平坦了许多，偶有一身金黄叶子的杨树站着，田野开阔起来，葵花、玉米，叶子都已枯黄，已经收割或等待收割。故城乡的关帝庙，山门将陕西和内蒙古分出了界限。这处标志性的建筑，让多少人感慨万端。西口，奔的就是这西口。从此，在西口外，便要寻找人生的好梦了。

车继续在内蒙古的地盘上行驶，中午抵达沙圪堵。这里是鄂尔多斯准格尔旗政府原在地，面积很大，街道宽广，但行人和车流稀少，十分安静，有一种天边的感觉。因为准格尔旗政府前些年迁至薛家湾镇，沙圪堵的繁华也就被带走了。这在地理意义上已是西口外的一个镇，除了地广人稀，看不出与内地有什么不同，倒是街面上的各种招牌都用蒙汉文对照。当年，走西口的一小部分保德人有不愿再走远路的，便在此地安营扎寨，或开垦土地，或挖甘草讨生活。历史上，保德人比较集中的地方是包头市、固阳县、东胜市、五原、临河、乌拉特前旗、达拉特旗、杭锦旗等地。真是哪里有甘草，哪里就有保德人。保德人至今还把这种营生叫做“掏草”。甘草，行话叫“根子”，是药中之王，陶弘景《本草经集注》称甘草为“国老”。除药用之外，甘草还可做口香糖、酱油、香烟等日用生活品的配料，及防腐消暑原料，为热带地区生活中必不可少的东西。甘草盛产于我国西北地区，尤集中于内蒙古自治区。这种用途广泛的中药材给当年的保德人带来了财富，也见证了保德人的辛苦。

在沙圪堵吃午饭后，我们没走回头路，而是选择了当年保德人走西口的另一条路。即通过西青线，到龙口镇，最后通过龙口水利枢纽过黄河，回到山西省境内，穿过河曲县城，再到保德县。

一过黄河，路两边一下拥挤起来，再没有内蒙古那边的广袤荒凉。想盘块地种粮种菜做庄园主，甚至开辟跑马场的思想早荡然无存。土地一直是农人的命根子，地域的差别，使人口产生了流动。走西口也算是天人合一的一种体现。如今，又有许多保德人涌向了鄂尔多斯的薛家湾，准格尔旗政府迁移过去后，那里的繁华富裕成为保德人打工和经商的天堂。

前后用了半小时，一个相对简单的枣牌做好了。挂在墙上，便是一道自然朴素的装饰。

枣园和石花鲤鱼

“有枣处一竿，没枣处也一竿。”这是产自保德的谚语。虽然意思是喻人办事没方向，做无用功，但这特殊比喻的产生，也从另一侧面说明这个地方肯定盛产枣。10月份来保德，最大的享受便是能看到满眼的红红的枣子。

保德的枣树随处可长，而黄河滩上的枣园子更是一个紧挨一个。位于黄河岸边的保德县，种植枣树的历史已经很久了。就连康熙皇帝为平噶尔丹之乱，于康熙三十六年（1697年）第三次亲征路过保德，都给保德的油枣留下了神秘美丽的传说。在保德县最南端的冯家川，黄河滩上有一大片枣园子，其中有一处被水环绕的地方形似碾盘，其上生长的枣树十分古老，老根虬枝，但果实依然累累，更奇妙的是这里的枣树不长刺。结的枣称碾盘枣，除有保德油枣的共性即“皮薄肉厚核小”外，更比其他地方的枣珍贵吃香。2009年10月12日，临近中午，我们的车停在冯家川乡政府的大院里，一下车我就跑到与大院只隔一条小路的枣园子里。这里正有村民在打枣。几百亩的枣园子，枣子大都已打完，但还剩部分挂在树上。有一位小伙正站在高高的树枝上用力摇树身，枣哗啦啦便掉了下来，红红地铺了一地。有摇不到的树梢处，他就用竹竿朝枣树敲了几下，早已熟透的红枣扑腾腾就掉了下来。拾枣的人是一大家子，三个妇女，一位老大爷。他们都是坐在一块坐垫上拾枣，一人身旁放一个箩筐，因为枣太多，拾净一片需要不短的时间，所以才带了坐垫来。

村民们热情朴实，临走时，还非要让你装上一袋子。可惜树底下极好吃的保德油枣只能卖到每市斤六七毛钱，许多枣子挂在树上，村人已不屑打落，而掉在枣园子里的枣也拾不干净，有枣树的地方，地面上随便都能拾到完好无损的枣。保德人对枣早已不稀罕，有的人竟然在小时就吃伤了。不过，保德的婆姨普遍是美丽的，可能与一年四季都能吃上枣有关，枣有美容养颜的作用。过去，在枣子收获季节，家家除了忙着加工枣子储存外，还编织枣牌，即用谷穗秆穿了略绵的红枣，制成各种不同形状，有菱形，方形，心形，还有枣囤囤，枣篮子等，一是挂在墙上作装饰，二也表现了丰收喜庆的主题。现在，做枣牌的人家很少了，人们不再把这红火的传统习俗当回事。见我充满向往，乡报告员刘歧顺极热情地

住在林遮峪古戏台院里的一对老人刘汝清和刘玉凤。他们说住着的石窑洞好几百年了。他们家的枣也丰收了。

找来村人王花眼和王中括，他们在枣园子里就地选材，现编了一个菱形枣牌赠予我。

而冯家川乡67岁的冯老师却热情地领上我们去看传说中的碾盘枣园。不远，就在村北面，与其他枣园子隔着一条河沟。因黄河水泛滥，紧挨河面的枣树已被推走了一多半，如今是一片河滩，上面种着玉米。碾盘枣园剩余的枣树大约还有30来亩，许多都是几百年的老枣树。当年康熙帝品尝了碾盘枣园的枣后，便指定为贡枣。据史料载，当年康熙第三次亲征是在二月，二月不是枣的收获季节，所以康熙不可能来枣园子查看，但他品了储存的保德油枣是有可能的。保德人储存枣除采用自然晾干外，还加工成糖枣、熏枣、酒枣等。冯家川如今打的也正是这康熙贡枣的品牌。中午，乡里款待了我们一条黄河绵鱼，这是对贵宾的礼遇。因为冯家川一带的黄河绵鱼是至宝，好吃，营养价值高，但极难打，市面上一般买不到。

天桥石花鲤鱼也是保德黄河中的一大宝，一般在开春时才能打到。浑身金红色，十分耀眼，营养价值极高，传说可以祛百病。此鱼与冯家川的碾盘枣一样，与康熙有缘。史料载，当年康熙于三十六年二月二十八日经由大同来到保德境内，知州唐文德率众到郭家滩迎接，住生员陈士宣家。第二天，唐文德为讨好皇帝进了鲜活的石花鲤鱼，康熙品尝后大觉味美，提出要每年进贡。哪知，这石花鲤鱼是黄河鲤鱼中的极品，独产天桥峡，上下里许味道绝不相同，所以产量不大，且难捕得。皇帝的恩宠虽然给这鱼罩上更多的光环，但却苦了当地百姓。此后，保德设有官船12只，专为皇帝打捞石花鲤鱼。按例每年进贡140尾，但文武将吏，率多谋求，遂副贡馈送各名目加至4000尾。后历史上也有几位较为开明的官吏适当减轻贡鱼数量，但并没从根本上解决因鱼贡而带来的民困。直至清王朝结束，石花鲤鱼才最终恢复了自由身。

站在天桥峡，望黄河，水面极为平静，无鱼兴起。因不在季节，我们是不可能见到石花鲤鱼的。但我们却见到了一双收藏于保德民间的木刻石花鲤鱼，据说这两尾木鱼是当年向皇帝贡鱼时的通行证。在皇帝想吃石花鲤鱼时，有人便先端着一双活灵活现的木刻石花鲤鱼在前开路，后面才是侍女手捧鲜烹的美味匆匆而行。

隔十来分钟，从高度现代化的保德煤矿就要开出一列运煤的火车。

有时在当年掏挖龙骨的洞口前还能捡到龙骨碎片。

前世的保德

保德全境是国家级古脊椎三趾马化石保护群。而这些化石分布比较集中的地带在红土层，所以这种红土被命名为保德红土。20世纪初开始，国际上已经对保德的这些丰富资源进行了研究，取得了骄人的成绩。近年来，仍然不断有国际、国内的科学考察活动在此地进行。芬兰、瑞典、美国的知名学者多次前来保德研究，使保德在古生物界成为国际上的一个热点。2004 年 9 月 6 日至 9 月 21 日，中国科学院古脊椎动物与古人类研究所的专家、博士生导师张兆群、刘丽萍和芬兰赫尔辛基大学教授 Mikael Fortelins（中文名傅铭楷）带领他们的博士生来到保德，在冀家沟一带进行了为期半个月的科学考察。也正循于此，2009年10月 16 日，我们来到腰庄乡冀家沟村。

这是一个典型的山村，全村共有1000多人。许多枣树长在崖畔上，熟透的红枣还挂在树梢，但它们只能作为一种美丽的风景了，因为地势陡峭，不便打枣，枣子也就任其掉落。村里几乎没有什么平地，最平的地方就是自家的院子兼别人家的房顶。整个村庄就像镶嵌在山坡上的一场艺术品展览，一层叠一层，圆拱形的门窗，金黄的玉米和红辣椒吊在檐下，狗和鸡在院子里闲逛。我们向两位村民打听专家考察三趾马化石的所在地。他们便指着对面的山说，有红土的地方就是。

向对面眺望，一条干河沟将山分成了两半，山坡上有些地方露着红土，这可能就是叫杨木沟的地方。我们几乎是一路小跑着下坡，穿越了冀家沟村，下到山谷底，再向对面的山攀登。我们沿河沟向上走了一段路后，发现不对头，根本无法接近红土，便回身再找。王引为经验比我们足，他上到河沟右边的山坡，很快找到了一条羊肠小路，沿着羊肠小路往山上走，终于看到了一个洞口。他在高处兴奋地喊我们，找到了！

1914年，曾担任瑞典地质调查局局长的安德生博士来到中国，并被聘为中国政府的矿业顾问和中国地质调查局博物馆馆长。这时瑞典王储卡尔·古斯塔夫二世（Carl Gostaf Ⅱ，后为瑞典国王）出资要求安德生在中国发掘龙骨以便收藏、研究。于是安德生于 1919 年派两位中国技工到保德，发现了丰富的

“龙骨”，即哺乳动物化石。这些“龙骨”原来一直被当地人当作中药材采集，1919年这次，才被作为科学研究的材料采集了27箱，其中大多数是犀牛、偶蹄类和肉食类动物化石。1920年，安德生指示在保德又进行了更大规模的采集，获得化石47箱。这些化石被迅速送到瑞典，交给乌普萨拉大学的古生物学家维曼教授进行研究。这时候，安德生感到迫切需要一位专业的古脊椎动物学家来负责野外的发掘工作，于是维曼推荐他的奥地利学生师丹斯基博士来到中国。师丹斯基1922年来到保德，聘请了中国人刘诗固（音译）帮助他收购龙骨。他们在保德发掘了大半年，采集了100箱化石，并绘制了这个地区的详细地质图。在保德发现的这些哺乳动物化石成为《中国古生物志》中三趾马动物群专著所依据的最重要的材料，从而也使保德这一著名的新近纪化石地点闻名世界。

保德的岩层很有特殊性，在古老的石炭纪页岩上不整合地覆盖着新近纪地层，最上部是第四纪的黄土。新近纪地层的下部为巨厚的砾岩，代表了这一地区在经过了长期的风化剥蚀后重新开始接受沉积。砾岩之上就是有名的红土沉积，由于其中富含三趾马动物群的化石，所以又被称为“三趾马红土”或“保德红土”。我们看到的这个洞口很小，只能容一个人蹲着前行，里面黑乎乎的，似有岔口，望不到头。曾经考察留下的洞口很多。我一个人沿羊肠小路继续向上走了几十米，随势便转到了山后头。隐约的狭窄的路还在继续，而一阵风吹来，妄想找到第二个洞口的打算突然被身边陡峭的悬崖吓跑，于是只好四肢着地爬了回来。想想那些外国人当年走的路更加艰险，他们又是怎样前后将一百多箱沉重的龙骨运出山里，再运出中国。

保德县文物所的王引为老师说这些出土的彩陶塔是冥器，式样非常有地方特色。

保德这个地方沟壑纵横，地表剖面多，发现的哺乳动物化石代表了晚中新世典型的三趾马动物群。三趾马动物群是以该动物群中最具代表性的三趾马命名的，这一动物群包括一百多种大型动物，和现在生活在非洲大草原上的动物群性质接近。已发现的化石中包括啮齿类的中华河狸，食肉类的扁鼻犬、印度熊、中华貂、原臭獾、近狼獾、水獭、美洲獾、蜜齿獾、原臭鼬、始蜜獾、各种鬣狗、剑齿虎和后猫，长鼻类的四棱齿象，奇蹄类的额鼻角犀、大唇犀、无鼻角犀、板齿犀和三趾马，偶蹄类的弓颌猪、弱獠猪、原河猪、祖鹿、原狍、各种长颈鹿、乌米兽、旋角羊、羚牛和各种羚羊、蚌等。千万年前，保德这块地方是这些动物的天堂，现在它们就安息在脚下，并化作山石的一部分，支撑着保德的天空。

现在，采自保德的174箱古脊椎动物化石存放在瑞典乌普萨拉大学进化博物馆的第三层楼，占到了这层楼的一半以上，保存之完整，标本之硕大，令人惊异。就是这些保德化石在过去的几十年中培养出了包括傅铭楷和他的老师等15 位博士，而且这个数量还会与日俱增。另一批经刘诗固帮助发掘收购的龙骨在20世纪30年代由美国人魏德曼转运到了美国，现存于美国纽约国立自然博物馆。

另外，保德有一处新石器遗址，在黄河岸边的林遮峪村。地面上还能看到一些灰色、红色的有纹路的碎陶片。就在这片遗址处，1971年还发掘过一座商墓，出土了109枚磨背式大型无文铜贝、113枚海贝和车马器等。保德铜币是迄今发现时代最早的铜铸币。其体型硕大，铸造精美，并经过细打磨，堪称人类金属货币之鼻祖。商墓早已回填，现在长着的是一小片土豆，旁边还有一棵野生酸枣树，果实又圆又大，已然熟透。

保德过去无疑是动植物们的天堂，而如今的保德已不再是传统的农业县了。保德地底下是巨大的煤海，但地面上却难见到煤，国际一流的现代化采煤业使保德受益匪浅。曾经污染严重的保德城，通过前些年强有力的整顿改治，已是一个环保城了。目前，只有来自邻省的运煤车给保德的公路和公路周边的环境带来一定的困扰，而保德自己的煤却极其快速优雅地，通过一节节火车厢直接运到了外地。

保德，这座以“信仁”命名的小城，见证了无数历史风云和人世沧桑。而如今这里的村庄似乎更加宁静，老屋更加沧桑，那房前屋后随处可见的枣树，仍是一年一年地红个不懈。

撰文/丹　菲　摄影/王　牧

让传说中的木刻石花鲤鱼浮在手心，与夕阳下的黄河合影留念。希望众人心目中至上的极品鲤鱼，能岁岁繁衍。

文水：女皇的痕迹

中国看重籍贯，这籍贯是一个人的家乡，是一个人最初的脐带，连带着剪不断的血缘和地缘关系。文水之于中国历史上惟一的女皇武则天，便是这样一条千年剪不断的脐带。

闫家社与其他村落类似，男人外出打工的多，留下的妇女不仅下地劳动、操持家务，还敲锣打鼓乐活着。

“一切历史都是当代史。” —— 克罗齐

经过1300多年的岁月风蚀，武则天这位奇女子的真实面容越来越被涂抹。她的棺椁安静地封在黄土下，空前开放的当代人，依然对她有着浓厚的兴趣。作为一代女皇故里，文水也就有了别样的身份和光泽。

在中国，一个人的家乡和他的出生地的性质差别很大，前者是当然的根，是一个人的脐带。生产是一个时刻的行为，血缘地缘却是以代计算的。史书明确记载，武则天出生于西安，家乡是并州（今太原）文水，所以文水是她那根剪不断的脐带。

文水的木材商

武则天的父亲武士彟曾是文水县远近闻名的木材商。林木茂密的家乡自然地理环境，是武士彟能够做木材商的先决条件。经商致富，“富”而优则仕，是武士彟的人生轨迹，也为日后的武则天成为一代女皇奠定了基础。

1300多年过去了，这位木材商的家乡成什么模样了？2010年5月，我们进入女皇故里文水。想探知这里是否还有青山碧水，是否还有足够的森林植被，让人容易遥想古代一个成功的木材商。

文水县位于山西省中部，太原盆地西缘，吕梁山东麓。西高东低，境内有汾河、文裕河、磁窑河。出城不远，路经则天故里南徐村，再往前，车就基本行驶在山区，满目皆绿，深绿或浅绿，绿得有层次。清澈的文裕河忽而在左忽

文水人在风光秀丽的苍儿会自建了山西首家国际标准18洞山地高尔夫球场，把它当作一张绿色名片。

而在右，低调流淌，偶见小男孩们站在水里嬉戏。只是在文裕河水库那里，水面突然变得阔大，据说是山西省第二大水库。

越往山深处走，植被越浓密。约一个小时后，我们的车停在路边，有东岩寺的路标指向龙泉山里。《重修东岩禅寺碑记》载，寺始建于后汉永平十年。东岩禅寺比号称中国佛教祖庭的白马寺还早建一年。一条碎石路缓慢地向山顶升去，除却路就是树林和灌木丛，几十头黄牛隐在其间，见了我们都镇定自若。没有放牧者。一条细细的泉水从山上流下来，最后我们逆着这泉水路徒手攀爬到一处有彩色纵纹的石崖下，东岩寺就在此，但现在已是残垣断壁，能看得出原寺依山势从高到低而建。十几通明清石碑立在不同地方。大殿中央，一尊残损的佛像露出泥胎，威严犹在。两堵残墙上各绘着壁画，青黄红，色彩和人物装扮似乎很久远。

伫立在山崖下，远山近景，均绿得密实，寺庙被绿抱在怀里，让人感觉十分舒服。听说，此寺已纳入修复计划。

返回山下，再往前行驶半小时，就到了文水县关帝山国家原始森林公园三道川风景区，这儿已开辟为吕梁山苍儿会生态旅游经济区，绿色植被覆盖率92%，森林覆盖率83%。而在这山深处，文水人还自建了山西首家国际标准18洞山地高尔夫球场。风光秀丽的苍儿会，藏了一处高档休闲运动场所，文水人把它当作一张名片，一个现代商务平台。如果时空对接，活泼好动的武则天也许会再度回到家乡。据史载，贞观九年（635）李渊病逝不久，武则天之父

东岩寺大殿中央，一尊残损的佛像露出泥胎，威严犹在。两堵残墙上各绘着壁画，青黄红，色彩和人物装扮似乎很久远。

武士彟也因病而亡。同年十二月，年仅12岁的武则天和母亲护送武士彟灵车回到老家文水。这是武则天第一次回到她武家的根。不知家乡的山水是不是濡湿了少女武则天的心田。在她14岁被选入宫中做才人前，应该一直待在文水给父亲守孝，那么她就有可能上古老的东岩禅寺焚香。历史没有留下少女武则天的生活细节，但并不限制后人的猜想。于是，文水的山水就显得不孤独了。它曾经孕育过一个成功的木材商和一段辉煌的历史；如今，继续作为美景，供人遐思。

文水

文水，春秋时设平陵邑。隋开皇十年（590年），取文谷水（文峪河）流经境域之意，更名文水县，属并州。武则天称帝后，改武兴县。神龙元年（705年），复名文水县。历史上，此地名人辈出。除武士彟、武则天外，隋末唐初，邑人玄中寺的道绰法师专修净土法门，撰写了《安乐集》，被尊为净土宗创始人之一。宋朝的名将狄青，故里在狄家社，村里建有狄青庙。而原中顾委委员张稼夫、山药蛋派作家孙谦等，也是文水人的骄傲。

南徐村的荣耀

武则天一生做过太多有违传统观念的事情，但在她终于当上皇帝后，却依照先例，毫不犹疑地将自己的五代祖先加封，追尊父母为皇帝皇后，墓也升级为陵，并在陵前树立巨大的石碑。陵和石碑已无影踪，但碑文抄录在《全唐文》中。

武士彟是早期晋商的优秀代表。晋商有钱，无地位，所以，具有远大理想的武士彟大舍钱财，结交到李渊这样的潜力股，以至彻底更改了自己的命运，成为李唐王朝的开国元勋，最终做了高官，娶得隋朝宗族后人，并生下武则天。武士彟本人是女皇的制造者之一，他的出生地也就具有了特别的意义。

武士彟出生于南徐村。南徐村位于文水县城北十里的307国道旁，东邻文峪河，西望攀龙山。这攀龙山当地人也叫大陵、武家山，据说武则天父母的陵墓就在山上。车从国道下来后向东拐，穿过“则天故里”石牌坊，就进了村。下午时分，主街道两边或坐或站着不少村人，摆小摊的，闲着聊天的，与北方其他农村没什么区别。只是村北有则天圣母庙，早已是全国重点文物保护单位，自行管理运作，与村人关系不大。

我们背着照相机，突然闯入村庄，引起村人的警惕，不时被盘问，只好耐心解释。大多村人对这样一位女皇不感兴趣，虽然从地缘上，他们是老乡关系，但务实的农民不讲这套理。有人直率地告诉我们说，则天故里的名声并没给大家带来什么好处，生活还是勤扒苦做，女皇光环并未照耀到1000多年后的故乡人。

其实，武则天的家乡情结很重，在她做皇后期间，就与唐高宗一起荣归故里。酒酣耳热之际，豪爽地免除了家乡百姓的永久赋税，并将年满80岁的老妪统统封为五品郡君，给乡野老太太们一个光辉头衔。那个时候的文水人荣幸至极，沾了不少女皇的光。

现在，南徐村有3000多口人。武姓人家还剩十几户。路边摆摊的就有姓武的。年轻的是儿子，卖凉皮；年老的是父亲，卖烧烤。父亲不说话，儿子很热情。他叫武士兵，37岁。说起武则天，与其他村人截然不同，脸上立马就闪耀着自豪。这时有人报料，说村里有个白胡子老人，已经84岁了，是最年长的武姓人，叫武世俊。于是，在一个大男孩的带领下，我们在村东南找到了他家。一位抱孩子的少妇说，我爷爷闲不住，下地干活去了。她是老人的孙媳妇。我们决定到地里找老人，结果刚到村口，就碰到了荷锄回来的武世俊。老人中等个子，面容光亮，白胡子，一副仙风道骨，他刚才是去玉米地里锄草来。

文水县传统葫芦技艺，以南庄镇为代表。吴村的刘石安夫妇从事葫芦烫画艺术已经有些年头了。

再次坐到武家院子里开满粉花的柿子树下，向老人说明我们的来意，他就滔滔不绝地讲起武氏家族的传说，比如状似凤凰的武家花园，武后井的故事，武士彟坟地的秘密，中央电视台曾采访过他等等。他邀请我们回屋里看那些照片。随后，又搬出一本厚厚的《丽水武氏家谱》。前几年，丽水武氏后人来文水寻根时，找到武世俊，攀了老亲。丽水的这一支是武则天的堂兄武惟亮之子武攸绪的后人，有比较完整的谱系留下来。而留在文水的武氏却没有留下确凿家谱，但这并没影响他们对祖宗的情感。随着武则天历史地位的回归，以及比较客观的评价流传，武家后人也找到

大多村人对这样一位女皇不感兴趣，虽然从地缘上，他们是老乡关系，但务实的农民不讲这套理。有人直率地告诉我们说，则天故里的名声并没给大家带来什么好处，生活还是勤扒苦做，女皇光环并未照耀到一千多年后的故乡人。

文水驰名全国的还有女英雄刘胡兰。刘胡兰中学就位于刘胡兰纪念馆附近。

一点以史为荣的感觉。武世俊，一个地道的老农民，在祖先的土地上，满足而健康地生活着。当我们要离开时，已是夕阳西下，武世俊和孙子、重孙子站在栅栏门外向我们告别，背后是湛蓝的天空及开满花朵的家园。

则天圣母庙

在南徐村北头，有则天圣母庙，是全国惟一的女皇祀庙，如今开辟为武则天纪念馆。唐天宝七年（748），按唐玄宗旨意，于南徐村修建则天庙。金皇统五年（1145）重修，现在的正殿依然保存了这一结构，属宋金建筑中的杰作。1996年12月，则天庙被公布为国家级文物保护单位。

随着历史对武则天这位女皇帝的褒贬波动，一个村庄的则天庙也受到了牵连。就像皇帝给一个人随便更改姓氏和名字一样，则天庙也曾几次被更名为水母庙。好在事隔千年，我们仍然有幸看到旧有的建筑痕迹，除了宋金遗构外，正殿屋顶部分唐瓦及神龛基座下的唐代绳纹砖，都让人感受到了一缕历史真实的影子。进入山门，迎面就是正殿，面阔三间，进深三间，单檐歇山顶，柱头有卷刹，斗栱作双昂。雄浑古朴，有唐代遗风。殿内的神龛居于正中，如一个小型戏台，木质斗栱重重叠叠，繁复精致。而最有价值的是神龛额部的一条悬塑行龙。

凤头回望，长颈伸展，一前腿腾空，其他三条腿有力地蹬下地面，虽背景饰以祥云，但未能飞翔，仍然是一条行走着的龙。此龙为泥胎彩绘，造型别致，生动优美，保留了龙的伟壮，又增添了一股阴柔，是武则天作为女性称帝的典型象征。此龙为宋金作品，是后人依照传统观念，塑造出的女皇帝形象。龙凤一体，瞻前顾后，封建制约下的尤物，在审美取向上独一无二。

神龛内造像是新塑的，人佛一体。佛状的武则天低眉顺眼，慈祥宽厚，手拿一柄如意端坐着。武则天一生信佛供佛，登基时又广造舆论，冲破儒家樊篱，借助佛的威望和力量，称弥勒佛下生，再加上空前绝后的女皇帝身份，如何塑像还真是有讲究。武则天是大美人，风韵、气质绝佳，如果按照本人模样造一尊像，肯定养眼。但她是皇帝，皇帝自古就是龙颜男性，突然一美妇

刘胡兰

在特殊时代，一个花季少女视死如归，勇敢地站出来保护乡亲，刘胡兰的故事令很多人敬佩。虽然时代不同了，但英雄依然是社会必需的。刘胡兰是文水人的骄傲。以她命名中学的教学楼前，立着刘胡兰的汉白玉全身像，圆脸、齐耳短发，除神情略带一丝忧思外，与走近她的中学生一样，有着共同的花季面容和青春身姿。

左图：当我们要离开时，已是夕阳西下，武世俊和孙子、重孙子站在栅栏门外向我们告别，他们背后是湛蓝的天空及开满花朵的家园。

右图：岳村鉱子是国家级的非物质文化遗产。这是一套求雨锣鼓。以乐器模拟大自然中的风雨雷电，表演者赤脚披发，身着草裙，动作收放自如。

随着历史对武则天这位女皇帝的褒贬波动，一个村庄的则天庙也受到了牵连。就像皇帝给一个人随便更改姓氏和名字一样，则天庙也曾几次被更名为水母庙。

岳村鉱子

文水有许多民间锣鼓队，其中，岳村鉱子最有名，是国家级的非物质文化遗产。有三奇，一是创造了一种独特形状和大小的乐器即鉱子；二是古谱《雷公闪电》流传至今；三是创造了一个独特的形声字，即金字旁过来一个瓜，即鉱字，读瓜音，也是模拟的乐器音。这是一套求雨锣鼓。以乐器模拟大自然中的风雨雷电，表演者赤脚披发，身着草裙，动作收放自如。那种鉱子击出的声音非常悦耳，如雨点扑向干涸的土地，也如青蛙沐雨后欢喜地鸣叫。传说，武则天与唐高宗回乡省亲，岳村鉱子也出场助兴，这时，它不单是祭祀祈雨，也具有了迎宾功能。

端坐于上，众人引颈而望，产生的第一反响很有可能是惊艳，而不是敬仰，那就乱了章法。所以，武则天生前就将自己幻化为一副佛像。传说龙门石窟第一大佛卢舍那佛是依照武则天模样塑的。这尊大佛是在唐高宗时期所造，碑文记载，武则天为此捐过功德，而且在佛像造成后，参加了开光仪式。武则天豪情满怀，不拘小节，这个传说很有影子。历史上给佛造像常参照真人面容，这样造出的佛生动，有亲和力，也不至于千篇一律。卢舍那佛的容貌最终是造像的监工讨好武则天所为，也有可能。卢舍那佛柳眉秀目，广额方颐，嘴角微翘，面带微笑，俯视众生，具有睿智慈祥的东方中年女性的艺术魅力。

但一进入武则天纪念馆，迎面立着的是一尊汉白玉石雕像。此武则天才是今人心目中的武则天，她发髻高挽，面容清秀，衣袂飘飘，亭亭玉立，完全还原为一个才貌双全的女子形象。消除了佛的影子，她就是一位美女皇帝。

“武则天现象”

武则天的命运应了孟子的那句经典语录：“天将降大任于斯人也，必先苦其心志，劳其筋骨，饿其体肤，空乏其身，行拂乱其所为，所以动心性，增益其所不能。”在武则天为父守孝两个年头后，唐太宗听说武则天“美容福胜锣鼓，呈现的是状元及第、回乡欢庆的场面，有细节情趣。

止”，又是开国元勋的后代，于是在贞观十一年（637年），召武则天入宫立为才人，赐名武媚娘。按说，武才人才貌双全，又机灵，哄得皇上欢喜没什么问题，但在入宫后的12年里，却未再前进一步，没有得到多少宠幸，也未生出皇子。男女相悦是讲究缘分和磁场匹配的，可能具有雄才大略的唐太宗欣赏武才人的美貌才学，但排斥她的过分聪明伶俐和强硬性格。流传甚广的狮子骢故事，给初出茅庐的武则天涂上一层果断冷酷的男人色，当然不会引得强人唐太宗的赞赏，反倒让唐太宗止了爱武才人的念头。面对一匹烈马，征战多年的唐太宗都一筹莫展，而十几岁的武才人却毛遂自荐，相信再烈的马在铁鞭、铁锤、匕首的面前也会乖乖就范。此事放在今天，对此野蛮女友男人也会敬而远之。所以，14岁到26岁的武媚娘，空掷了美丽动人的青春花季，出师不利。随

麻衣仙姑

在文水民间有很大名气的麻衣仙姑，是人转化成的雨神，传说她本名叫任灵巧，出生于文水桑村，后来骑上一根麻子飞到汾阳的石室山修道成仙，其形象颇似古代版的哈里·波特。碑载，她生于唐贞观元年七月二十六日，与武则天同时代。据此，有人认为，麻衣仙姑的神化也与武则天有关系，带着明显的女性崇拜和生殖崇拜。文水百姓希望麻衣仙姑像武则天一样，能够给一方人民带来吉祥。历史上，每逢大旱之年，文水桑村人都要带头组织祈雨队伍，到石室山接麻衣仙姑回娘家，形成了一整套宏大严密的接送程序和仪式。

如今，大型的接送麻衣仙姑的活动已不见，但每逢其生日，还有庙会存在。麻衣仙姑也不单是管雨的神，她已被人们赋予了更多的法力，成为众多文水百姓心里全能的神。

后被迫进入感业寺为尼，处境就更加不堪。如果给了常人，或怨天尤人，或心灰意冷，人生也算望到了尽头。

但是，武则天是中国几千年才出的一个人物。在初入宫做小草的12年里，她以女色没争取到皇上宠幸，却利用宫中条件，刻苦学习。所谓上帝给我关上门的同时，也给我开了一面窗，我透过窗户，依然望得到世界精彩。在感业寺为尼的日子里，她并没有完全陷入被动，而是积极利用了唐高宗对自己的爱情，跳出人生低谷，再次入宫。经过人生历练的武则天，终于学会张弛有度，一步步地拓展人生，攀登一座座险峰，领略到人生的极致风光。

除却最初的12年基层锻炼和2年的佛门养晦，再次入宫后，从一般宫女做起，再晋升为昭仪，直到皇后，用了4年。又过了35年，才真正做上皇帝。18年加35年，半个世纪的女人奋斗史，单从时间的久长，也可圈可点。升为皇后时，武则天32岁，正是女性一生中的黄金时期。她与唐高宗琴瑟和谐，不仅共享生活情趣，也深谈国事，是丈夫的好帮手、难得的知音。唐高宗比起唐太宗，性情温柔，做人低调平和，以今人的眼光评价，就是新好男人一个。与独立自强的武则天优势互补，是天造地设的一对。这样的皇帝皇后，于国于民都是幸事。

但女人一能干，就有闲话吹。何况封建时代，更要受到制约和诟病。在后

孝义镇的市楼始建于清代，属砖木石结构，三层楼阁建筑。至今，仍然是镇上的主要通道。

来的历史书中，武则天的为人被涂抹得一塌糊涂，桩桩典型事例有鼻子有眼，但“历史是胜利者书写的”，从一定角度说，是根据需要而现时编写的。比如初唐四杰之一的大诗人骆宾王，他写的《讨武曌檄》至今仍为范文被人们学习，但骆宾王此大作，是谋反的战斗檄文，充满政治的色彩和谋略，也有文人一贯的夸张和感性。“杀姊屠兄，弑君鸩母”，檄文把武则天形容成一个不择手段、心狠手辣的女人。但这篇檄文，武则天看后，却喜不自禁，她被诗人的文采深深感染，自责这样的高级人才为什么不为国所用，却做了造反者的鼓吹手。可惜骆宾王没福气，没等朝廷按特殊人才破格录取，就被手下人杀掉了。

“武则天现象”是中国历史上的

据说，狄青每次打仗都要戴上狰狞的面具，以遮盖柔性脸庞。狄家社村狄青庙里拿狄青面具的侍卫吸引了小孩子的眼球。

梵安寺塔，俗称上贤塔，位于上贤村北，原系梵安寺附属建筑。据《文水县志》与《山西通志》记载，上贤塔建于北宋崇宁三年，但从塔上大量的绳纹砖看来，该塔唐代已有。高42米，周长26米，为七级楼阁式砖塔。塔顶无塔刹，塔基无石砌根基，整座塔矗立在灰土平面之上，造型殊异，风格独特，世属罕见。

特例。个中原因复杂，那真是天时地利人和，再加个人魅力，难以复制。皇皇大唐王朝，空前开放，走出去迎进来，社会视野开阔，人性得到了最大限度的自由发挥，所以，才会有那么大的胸怀容纳一个女皇的诞生。武则天这位凤头龙身的异人，才有健步如飞的机会。这是唐代整个社会的宽松氛围使然。人人都在走自己的路，也就少了顾忌，可以向人性的巅峰冲击。而矗立在乾陵的无字碑，让武则天的个性在人生的终点彻底地飞了起来。据史料推测，无字碑并不是武则天授意立的，而是在她驾崩后，后人一时没拟出合适内容，就拖了下来。也难怪，她这样复杂的经历和身份，颇让子孙为难，偏左偏右都有问题，居中又不可能。武则天本身就不是一个居中的人。与其错误评判，还不如不评判。这本是历史的阴差阳错、将错就错，却不料给武则天的人生锦上添花。人们以为也都愿意以为，这是武则天自己最后的大手笔，在丰富多彩的生命后突然留出空白，还有什么样的境界能出其右？

威权与妥协

武则天无疑是强人、超人。她以女儿身，一生都在奋斗。贞观十一年，14

文水县境内的文裕河水质清澈，日夜流淌不息。

岁的武则天安抚了忧心忡忡的母爱，以“见天子庸知非福”的冒险劲头进入宫中，被立为才人。这是她首次的性别自觉。她自恃妙龄、美貌、才气，向大唐第一男人靠拢，勇气可嘉，但青涩莽撞的她并没赢得唐太宗的宠爱。虽然混得有些尴尬，但她仍然关注自己的性别，经营自己的性别，梦想以女儿资本，过上尊贵的好日子。命运青睐于那些有准备的人。在唐太宗缠绵病榻的日子里，行孝床头的儿子李治，眼睛的余光扫到了默默无语的武才人。两颗心一见钟情，命运在此打下了伏笔。这是武则天的第二次性别自觉。

武则天写过一首情诗《如意娘》：“看朱成碧思纷纷，憔悴支离为忆君。不信比来常下泪，开箱验取石榴裙。”传说是她在感业寺为尼时写给唐高宗的情诗。才情之外，更为体现的是一片女儿柔情。日子单调，素衣素食，深夜青灯陪伴，这个时候，心怀爱情的武则天是一个让人怜爱的小女人。她与唐高宗的姐弟情起了关键作用，再加上唐朝宽松的社会环境，眼看没有任何希望的人生居然峰回路转、柳暗花明，这是武则天以女性的柔弱和情感换取的机会。直到这个时候，武则天仍然是传统文化下的中国女人，嫁鸡随鸡，嫁狗随狗，嫁得荣华富贵就是自身的造化。依靠男人，辅佐男人，将日子过得更好，这也是武则天的人生理想。这是她与性别的第三次妥协。

随后，武则天与唐高宗恩爱多年，生得一串子女，并相互作为知音，共理朝政，大唐在贞观之治后继续向着更加繁荣富强的目标挺进。此时的武则天在复杂的宫廷斗争中，靠着高宗这棵大树，站稳了脚跟，并以女性的感性和智慧在社会民众和各级官员中树起了威信。这个时期的武则天，正一步步迈出旧有的女性大门，向着更加宽广的人生前进。如果不是高宗因病早逝，武则天的人生性质也不过是拓展了女性的活动空间。但是，接下来的形势就不能让武则天为所欲为了，母子合作远没有夫妻合作单纯贴心，因为间入了另外的女人。自古儿媳和婆婆就难搞到一起，何况都要做大唐第一女人，争斗难免，甚至发展到不是你死就是我活。这个时候的武则天就不能再以女性的名义打动男人心而间接走自己的路，她不得不使出全部的力量自保。这个时间也是漫长的。唐高宗56岁去世，当时武则天60岁，即使在今日，也是一位老年女人了，不管是雄心还是雌心都大大打了折扣。但武则天异于常人，她老当益壮，继续奋斗，终于在67岁上做了皇帝，并且做得响当当。在历代皇帝名单里，武则天算是大器晚成一族。史家客观评价武则天的执政业绩，上承“贞观之治”，下启“开元盛世”。十几年的皇帝历程，武则天在操心国家大事的同时，也在颠覆着封建体系，她是中国历史上号召并实践男女平等的第一人。

但在她的最后日子里，女性身份又成为她最头痛的问题。经过矛盾的挣扎后，武则天在立儿子李显为皇太子后，久视元年（700），恢复了李唐王朝使用的夏历。要强一生的武则天在坚固的华夏文化背景下，与自己的性别又一次做了妥协，选择还政于李唐王朝。至于日后的政权交割历史稍稍性急了一些，但武则天的威望和功德罩住了一位老妇人，她在神龙元年（705）十一月二十六日，寿终正寝，享年 82岁。死后，以李家的媳妇身份与丈夫李治合葬于乾陵。1300多年过去了，这对皇帝夫妻的魂灵依然安眠于黄土之下。

撰文/丹　菲　摄影/王　牧

南徐村位于文水县城北十里的307 国道旁，则天故里的石牌坊非常醒目。

右玉：唤醒历史之地

千百年来，西域戈壁的黄沙借势来自西北方向的疾风与铁蹄，岁岁年年飘向土地肥沃、植被丰美的南方之地；渺小的沙粒与文化的传统、民族的血统同行，侵入、驻扎、生根、融汇、生发在新的疆域里。在关隘、屯堡、古道之间，多少个日落日出，历史反复考验着人类的意志；而人们用刀剑火光在历史上留下的痕迹，终将面对自然的消磨；人类辉煌的瞬间与无数个平俗的日月，终将为天地视作同样的刍狗与沙粒。而今日，当游牧民族的铁蹄与号角退化为电影的映像，大漠中的沙粒也无法再度乘风完成历史上的千里旅行；曾经任金戈铁马的城堡与烽火台也无可阻挡的自然力量，正在被人类的意志所扭转。右玉，曾经的中国历史转折点，如今正处于这样一个人类意志改变自然的转折点上。

杀虎口前曾亲征噶尔丹的康熙大帝铜像。这是右玉这片南北古战场最后的历史荣耀。

失落的中国军事重心

由于军事与经济的价值，人们来到并驻守在这片事实上不利于人类居住的地方。当军事与经济的重心偏移之后，右玉在中国历史上的重心地位也消失直至被遗忘。

对于个人史愈发雷同的现代人来说，旅行是一种主动遗忘历史的过程，而我这次到达的山西朔州市右玉县，正是一个曾经被历史遗忘的地方。

山西以丰富的文化旅游资源著称，在众多文化重镇当中，中级旅行家们大多知道朔州，但对朔州西北的右玉就少有见闻流传。其实，朔州之所以能够连接进入中国的大历史，是以右玉为节点。虽然出发前做了些功课，但当右玉原副县长、政协主席王德功老先生将万里长城与茶马古道交汇于右玉时，我心下还是暗暗惊叹。

右玉甚至可以说是中国历史与地理上的一个核心节点，是政治军事（万里长城与汉胡关系）、经济贸易（茶马古道与走西口）两条大动脉的交汇处。今天，右玉在历史舞台上正在焕发别样的生机，但恐怕在此之后若干年，我们中的大多数人也无法将这些耳熟能详的历史事件与右玉联系起来：胡服骑射、汉击匈奴、昭君出塞、唐攻突厥、安史之乱、宋征契丹、明锁蒙古、康熙亲征噶尔丹、晋商大盛魁、走西口……由于北方游牧民族与中原农耕王朝在此地反复争夺，或战或和，因此在右玉当地打井已经很难遇到本土，且很容易发现白

一代雄关杀虎口，过去是兵家必争之地，如今则是南北贸易的通衢。

骨、古钱甚至子弹壳。

右玉古战场最后一次发生的大战，已经进入热兵器时代的中期，距今不足百年。烽火台与长城从时间与空间上，都已经丧失了参与战争的价值。它们很容易被现代战争所摧毁，甚至是被现代战争所遗忘。20世纪前叶，杀虎口最后一次作为军事要冲迎来了内蒙古冯玉祥与山西阎锡山之间火药兵器时代的南北大战，杀虎口的遗留富商纷纷逃离，中国历史上的军事与经济重镇杀虎堡从此一蹶不振。

明朝一代，巍峨的万里长城更成为王朝抵御北方少数民族的屏障。仅长城一线，就陈兵百万以上，这种对蒙古部落的严防死守，使蒙汉关系到了但求一战的地步。康熙开放、积极的民族与边塞政策，很好地化解了几百年的蒙汉积怨（直到明朝，杀虎口还称杀胡口，据传是康熙改掉了这个含有民族仇恨情绪的名字），但向大漠草原延伸的王朝势力也同时融解了围绕在杀虎口一线的千年历史沉疴。乾隆四年，扼守西北关隘的指挥中心被迁移到更北方的归化城（今呼和浩特）。光绪年间，杀虎口的税卡建制也被撤销。而这，才是右玉这个历史重心失落的关键原因，一个简单的数字便很能说明问题：目前全右玉县有10万人口，而在清朝杀虎堡全盛时期，便有4万人居住。

或大或小的生活世界，都有自己的传说，但杀虎口以及右玉自身的传说，即便是当地人，也没有几个能详细复述了。重建的杀虎口以及旁边的右玉博物

杀虎堡里年纪最大的老人。他亲眼见证了杀虎堡的衰落，也将见证杀虎堡的重建与复兴。

馆、康熙雕像，正是右玉人希望重新在历史记忆长河中浮上水面的努力。

然而，缺少经济与军事的润泽与打磨，文化的奠基也只能沦落为历史的凭吊。从右玉县城驱车半小时，就到了杀虎口。城墙关隘是近几年新盖的，特别是在右玉严寒的冬日，还是有一种雄关万里的巍峨气质。不过，周边山脊上的长城与烽火台遗迹，就像中国所有的古长城一样，正在日复一日消磨殆尽。

杀虎口与右卫城

在右玉凭吊历史基本不用按图索骥，因为每一寸土地都埋藏着太多的历史记忆。真正需要地图指引的，是那数十座古堡。仅仅是探寻所有的古堡，就可以单独成为一个旅游项目。

杀虎口古称善无，其独特的地理位置使其成为民族对峙与军事争夺的中心地带。杀虎口之北，是水草丰美、森林茂盛的大青山、阴山、河套地区；之南，是物产文化繁盛的农耕中原大地。游牧民族栖息在漠南蓄势，随时窥测通过晋北平原直入中原腹地。而杀虎口东西有黄河与群山的天险，所谓“挟三关而控五原”，这一狭长平坦地带是南下中原，从山西进入河北、河南、陕西的必经之地。

因为游牧与农耕地区有强烈的互补经济需求，所以其边境地区就显得尤为敏感。关系和缓时，就是贸易重镇；关系破裂时，则化为血腥战场。其间，则有不同形态的南北对峙。中国最后一个王朝的康熙皇帝，作为非汉族政权，亦通过杀虎口处置与北方与西北方民族的关系，并一举奠定杀虎口最后的辉煌与最后的衰落。

其时，满族刚刚夺取王朝政权，蒙古族经过明朝一代的万里长城封锁，其族群势力与军事动机皆如箭在弦上，而在尼布楚领土争端中没有占到便宜的俄罗斯，则挑动蒙古准噶尔部首领噶尔丹发动叛乱。康熙曾三次亲征噶尔丹，前两次都因为深入大漠、战线太长，没有获取决定性胜利。因此，最后一次出击，他采取步步为营的战略，在今右玉苍头河畔屯兵，以杀虎口为基地，缩短军事供应线，最终击败占有机动优势的噶尔丹叛军。

如今，右玉县在苍头河上建立起了湿地生态走廊。盘走在苍头河的左岸与右岸之间，似乎只是十步之遥。季节的缘故，湿地面积并没有那么大。虽然经过五六十年植被恢复的努力，苍头河仍难以让人联想到水草丰美、厉兵秣马的驻扎宝地。又或许，我们的历史想象力远远超过了历史的承载空间。

石器时代，右玉一带即有人类生活痕迹。及至清朝，以晋商走西口为基础，更是兴旺之地，宜居之地。否则，康熙也不会选择这个地方作为西征的大本营。在重修的杀虎口关隘前，有康熙皇帝亲征的铜像，那是右玉历史记忆中最近也是人们最熟悉的黄金时代。那时这里不仅是皇朝的军事基地，亦有钦差监管的通商税卡，孕育了最初的晋商萌芽。尽管没有王家、乔家的大院，但右玉的大盛魁仍是实际上的晋商之王，极盛时期仅商队骆驼就超过10万匹。就像最初杀虎口作为军事与经济枢纽的地位一样，晋商的缘起，即是为了保障康熙亲征大军粮草供应的军商，逐渐发展为倚靠杀虎口税卡繁盛的官商。晋商敢于冒险、讲求忠义的商业伦理，正是来自从军的作风。

杀虎堡是晋商西出杀虎口的基地，很多人也落户在此，并有众多服务商队的商家。如今在杀虎堡之间流连，满眼只有老式的农村土坯房以及耕种的农田，很难让人产生人气旺盛的遐想。即便是仅有的一些农舍，大多也无人居住。从住房的建制风格看，也不像历史遗存。当初杀虎堡中的核心建筑吉盛堂的位置，如今已不可考。杀虎堡的衰落，即便堡里年纪最大的老人也语焉不详。毕竟，最近几十年的变化，并不是因为什么标志性事件而产生的。

左图：杀虎堡前的广义桥。多少代晋商从这里踏上走西口之旅。

右图：铁山堡外的牧羊人。右玉是山西惟一的农牧混杂区，这也印证了历史上它所处的汉牧对峙的位置。

古长城边的农户。宏大历史与个人历史在这里交织在一起。

右卫城的老人在自家房屋下休息，人与建筑都勾勒着岁月。

右玉博物馆中的微缩模型做得很好，令人很容易构想出在大漠之中屹立的杀虎堡这座不夜城。而从追忆历史来说，杀虎堡南边入口处的广义桥，则一直延续和积淀着那些汇流成河的历史瞬间。过了这座桥，就正式开始了走西口，前程是悲是喜，将自此交由命运变幻与生存意志去把握。广义桥上的车辙痕迹仍清晰可见，桥栏上的雕塑风化明显。一个是人的命运刻入了历史，一个是人的意志在历史中消磨，但雕像面露出的漠然面对风雨的智慧，迄今不改。

在杀虎堡近旁，就是右卫城。这座与杀虎口关隘互成犄角之势的屯兵堡，发生过数次汉族守卫、游牧民族攻击的血战。虽然城内目前也是由村户与农田

就像最初杀虎口作为军事与经济枢纽的地位一样，晋商的缘起，即是为了保障康熙亲征大军粮草供应的军商，逐渐发展为倚靠杀虎口税卡繁盛的官商。晋商敢于冒险、讲求忠义的商业伦理，正是来自从军的作风。

铁山堡这样的历史建筑反而成了右玉生活中沉默的背景。

为主，但巍峨的城墙气势犹存。史料记载，杀虎口附近曾有灭胡九堡，虽然今天都已不存，但仍能令人想象兵堡林立的历史场景。特别是在残阳西落、晚霞如血的时分，这种古堡遗迹就更容易唤醒历史的记忆。在残壁之内，是农家耕田；而在山野之中，似乎有旌旗飘舞、尘烟四起。

右卫城发生的一次最著名的守卫战役，是由明朝名将麻贵指挥、麻家众将参与的。虽然是守卫之战，八月围困，最后连皮革做的弓箭都被当做食物吃掉，但终令势不可挡的鞑靼军队损失惨重，从而一战成名。我们熟知的“杀人如麻”中的“麻”，即指麻贵，此话现在看起来几乎完全偏向贬义。麻贵作为出身右玉的军事将领，后来还指挥过抗倭援朝以及针对后金的战争，在明史中与李如松并称“东李西麻”，是朝廷仰仗的军事领袖。在右玉人看来，其实以麻贵为代表的麻家将，要比在杀虎口附近血战金沙滩的杨家将，在汉族军事史上的意义更为重要。因为他们指挥了更多的著名战役，也获得了更多的胜利。

杀虎口一带的军事对峙，以明朝最为森严，却也是从明朝开始松动，因为茶马贸易恰恰是从明朝开始的。明隆庆五年（公元 1571 年），中央政府在杀虎堡设置了官方马市，而南方的茶叶也由此转入北方草原，主食肉类的游牧民族此时等待茶叶已经有几百年。

从食物的传统看，右玉一带的饮食

右玉也有自己的乡土技艺，王虎的刻纸负有盛名。

其实更接近内蒙古，多肉食，虽然也有一桌饭菜一半是主食的“山西特色”，但不喜欢吃醋。历史上，杀虎口是胡汉对峙的地理标识，也是山西与内蒙古的交界。不过，如今走出杀虎口，还是右玉的地界，传说这关外的三平方公里土地是王德功当年凭借13碗白酒的豪情，从内蒙古自治区和林、凉城两个县赢回来的。但据我向王德功本人求证，他只是说当时几个副县长关系好，在酒桌上定了这事，原本是为了右玉一家砖厂取土方便，没想到后来有了大用处。所以王老先生不无得意地设问：“这地要得真是聪明，不然这杀虎口重建，还不得有一半是人家的？”——这是关于杀虎口历史的最晚近的一则轶事。

重建后的杀虎口，成为一个景点。我们登上杀虎口的时候，正见有内蒙古过来的旅行团，超大型的火车与马拉的小车，在城门洞中南来北往。过了杀虎口，进入内蒙古界，那边有企业来投资乳业和饮料业，右玉抗风沙的英雄代表沙棘，也能做出可口的果汁饮料。这，就是今日杀虎口实现的沟通枢纽作用了。

造林奇迹

历史在右玉北面的风沙追袭中退却，又伴随着右玉人执著绿化家乡山川的意志前进。

因为有关隘、有驻军、有商户、有驿站，右玉才伫立在中国历史中3000年。驻军与商户离开后，右玉作为一个地理风口，便抵挡不住大漠的侵袭。1949年，右玉已经面临荒漠化的绝境。

这不仅仅是人类自己的错误。为了让胡骑踪迹暴露在视野之中，戍边的士兵确曾大面积烧荒，史料中亦有右卫城钦差暗通归化城官员盗伐大青山林木的记载。但海拔超过泰山金顶的右玉位于巨大的风口，全年平均温度不到4摄氏度、无霜期仅百余天，确实不适合林木生长。

按照一般的历史逻辑，失却了历史倚仗的右玉原本要在沙进人退的自然规律下从历史中彻底消失。然而，仅仅半个世纪，这片地方居然以一种对抗历史、对抗自然的方式重新站立起来：在万里黄沙侵袭的锋面，建立起让世界震撼的人工生态林，在人口流离逃散的古战场，建立起一片吸引人们前来居住的生态旅游区。

去右玉的路上，阳光格外充足，满眼白花花一片。右玉县城是新建的区域，县政府坐落于一个广场旁边。这里的城镇生活与一般的北方县城并无二致，所以我几乎忘记了这里曾经以及正在发生的生态革命。直到驱车往杀虎口路上，半小时车程，道路旁一直是无边的绿色，才感到由衷的震惊和赞叹。

右玉直到现在都是国家级贫困县，20世纪90年代初县委书记和县长还共用一台车。但今天的右玉人对未来的经济发展充满了乐观情绪，因为在北部生态屏障的保护下，他们可以放心发展南部的煤电经济。右玉人口不多，近2000平方公里的辖区内只有10万人口，经济发展平均到人头上就很可观。

但如果将另外一项指标平均到人头上，便更惊人。目前右玉全县森林覆盖面积超过50%，而这完全是在新中国成立后60年间以不足10万的人口一棵一棵栽培起来的人工生态林。登高远望，生态林不及原始林葱郁自然，但有种壮美豪情，让人完全无法想象 60 年前这里的植被覆盖不足1%。更无法估量的是最初绿色创业者的勇毅。想象一下视野当中所有的山峦，曾经都是黄褐色的荒山，在西北风的肆虐当中若隐若现。从

蔡江萍的剪纸技艺。她可以进行盲剪，堪称一绝。

右玉人随时随地都在准备植树，植树人的身影与逐渐茂密的树影都镌刻在右玉的地平线上。

哪里开始，如何开始，这个问题的回答本身就是个巨大的挑战。

右玉的绿化史，是从引种“小老树”开始的。

右玉人对“小老树”怀有一种特殊的感情。这种树冠椭圆、生命力强悍的杨树是最初一批陪同右玉人立于风沙之中的绿化植被，见证了整个右玉绿化史。直到20世纪八九十年代，右玉才逐渐引入松树等树种，因为乔木小老树以及灌木类沙棘、拧条已经组成了右玉最基础的生态框架。

在右玉博物馆里，我看到了植树人与风沙抗争的各种工具，比如在树苗栽种下去之后，要用一个四边梯形的铁桶盖住，以抵御风沙侵袭。这样的铁桶，总令我想起当时屹立大漠的屯兵堡垒，每个堡垒并不大，但整个山头都排满这种钢铁堡垒之后，便显示出一种让人震撼的人类意志。这种以钢铁之躯扭转生态趋势的意志，更鲜明地反映在右玉人的整体群像里。

右玉人惯常说道自己18任县委书记一以贯之地执行绿化政策，博物馆中18任书记的照片确实表述着一种精神传承，但王德功的一番总结也许更接近历史的本质：“并不是说只因为领导认识到绿化的重要性，所以一任任的政策传承下来，而是领导与群众的一种共同意志，最初的领导身先士卒带着群众认识到绿化的重要性，后面的领导不执行这条绿化的政策也不行了。到底是领导带着群众还是群众推着领导，谁也说不清。”

为了保证植树成活率，右玉人发明了一种垒土护苗的工具和方法，漫山遍野的土垒，如同历史上镇守右玉的屯兵堡垒一样。

山西朔州流传着“右玉人好带”的说法，对此的佐证是右玉的书记到了其他县，未必能一以贯之地推行绿化政策。与王德功老先生聊天的时候刚好有阵雨，他指着窗外说：“这种天气最适宜植树，我估计政府机关都已经发动起来了。要是在别的地方，机关干部别说下雨植树了，连植树节的时候，都是花钱雇民工挖树坑。”即便是干部，如果植树成活率不足，也要受批评，自己也会觉得是个天大的错误。特别是本地干部，在他们仍在幼年的时候，就曾随着父母参与植树，之后的学习、工作、生活当中，植树已经成为不可分割的一部分。

王德功将右玉人的这种纪律性归结为戍边传统。因为战乱与经济衰退，原本的晋商富裕阶层都迁走了，留下来的右玉人都是戍边将士的后代。所谓“守土有责”，右玉的历史是通过军事建立起来的，这里的人并不是因为自然环境适宜生存而迁徙到这里，但既然承担了戍边的职责，就一定会守住这块土地。

重构中的历史

右玉人终于能够重新书写自己的历史，戍边意志也罢、穷则思变也罢，但新开启的生态历史，其实超越了历史甚至超越了人类的意志。

经过右玉人半个世纪的努力，原本的风雪沙尘之地已经成为塞上绿洲，这在航拍的照片中对比尤为强烈。如果说那些古堡长城过去为风沙所湮没销蚀的

右玉人流传十八任县委书记带领大家植树造林的说法，但更伟大的是参与造林奇迹的一个个普通人，这是右玉博物馆中的造林英雄群像。

话，如今因被注入一种新的生命力而突然觉醒，遗忘了岁月雕琢的痕迹以及那些在纹理沟壑中的记忆，而成为漫天绿色的一部分。

右玉是古堡之乡，而且多为屯兵堡，高大雄伟。单单走完这些古堡，就需要两天到三天的时间，而有游客步行寻堡、夜宿堡内，更是一种很诱人的旅行方式。

人总是很矛盾，毕竟那样的古堡，是要在戈壁古漠中才显出苍茫雄浑的气质，而如果在绿树成荫的背景中呢？坦率地说，会失却很多历史苍茫之感。让古堡重回荒漠的背景吗？让我们回想一下，楼兰古国的历史、罗布泊的传说的确引人入胜，但如今只有科考队员冒死前往，我们惟有当远程的看客，听任这些伟大的遗迹日日销蚀。

因此，我们完全没有理由让生活在这里的人因为我们一次旅行的感受而放弃改变他们环境的努力。没有环境的改变，那些古堡也无法在风沙中屹立到今日供我们观瞻。

在这些景观的背后，那些支撑着遗迹与森林的是人类的意志。右玉有很多植树模范，上至退休的领导，下到普通的村民，每个人都留下了绿色的生命印记。因为时间关系，我只寻访到一位植树育林的老者，因为我们要进入植被恢复比较茂密的地区，需要他打开封锁道路的路障。他在自己的林木里总是那么笑着，而在满眼的绿色中，仍能看到他的岁月与坚韧。

右玉有30多座古堡，在残垣之间，大多只是村户或粮田。巍峨森严的古堡，没有被铁蹄所攻破，却销蚀在风沙之中，不屈的骨架如今正重新被绿色所浸染。我们总是希望通过保护和重修去延续那些历史遗迹的生命，从而维持住自己对历史的记忆与畅想，然而人类的辉煌就像杀虎堡的辉煌一样，终究有被遗忘的一天。

相比浩瀚的宇宙生命，人类终究是过客。当人类最终从这个星球上消失的时候，军事、文化与经济也将不复存在，人类历史的遗迹不可挽回地消失在地球的历史里。而那时，惟有这些绿色是永恒长存的，而且作为人类意志的遗迹，见证更为漫长与广博的宇宙历史。

撰文/博　闻　摄影/王　牧

洪洞：千年走龙亲

洪洞县古称神圣之邦，从县志来看，上古人物生于或活动于洪洞的很多。据载，创造人类的伏羲、女娲，当年就活动在洪洞，或者就生于洪洞。有关娥皇、女英生前的事迹在洪洞民间传说很多，某些村庄的村名来历也与此密切相关，而产生于尧舜时期的“接姑姑迎娘娘”走龙亲活动已延续了4000多年。

接亲队伍在行进途中，怕颠了二位姑姑（娘娘），便常从驾楼内临时请出抱在怀里。

人们争着摸驾楼的抬杆，以求吉祥。

传说尧当时居住于羊獬村，娥皇、女英就是从这个村庄嫁了出去，此后，人们把羊獬村作为二女的娘家。而舜耕作的历山，成为婆家。两村分别处于汾河的东西岸。每年的走亲活动，就把羊獬村、历山，及沿途20余个村庄串联起来。

羊獬和历山的因缘

羊獬和历山互为亲家。羊獬人称娥皇、女英为姑姑，视舜为女婿；而历山人称娥皇、女英为娘娘，称舜爷爷；羊獬人比历山人永远大一辈。

据当地人口口相传，发生在山西洪洞县的“接姑姑迎娘娘”走龙亲活动已延续了4000多年，产生于尧舜时期。

有关尧舜的故事，以及从尧舜二人衍生出的故事，无论史家言论还是百姓口传，都绘声绘色，充满细节悬念。

尧在访贤路上，看到正在历山耕种的舜，一双慧眼锁定舜就是理想的接班人。但稳重多谋的尧并没一下子将江山社稷的管理权交付于舜，而是通过嫁二女娥皇、女英，在舜的身边安插心腹之人以替自己进一步考察。没想到，命运格外垂青她们，一桩政治婚姻竟然成为一段世间美好姻缘。关于这段姻缘，在许多史书中均有记载。但流传于民间的版本却异常鲜活生动，这就是发生在洪洞县羊獬和历山间的走龙亲活动。主角是娥皇、女英两位贤淑聪慧的女子，被百姓当作亲人般爱戴和崇敬，并将她们抬高到与神同等的位置祭拜。娥皇、女英，已超越真实的历史，成为一方村民的宗教。而作为二女之父的尧帝和二女之夫的舜帝却退至故事的背景处，人们有意屏蔽或忽略了他们。

传说尧当时居住于羊獬村，娥皇、女英就是从这个村庄嫁了出去，此后，人们把羊獬村作为二女的娘家。而舜耕作的历山，成为婆家。两村分别处于汾河的东西岸。每年的走亲活动，就把羊獬村、历山，及沿途20余个村庄串联起来。在老百姓的意识中，这一项走亲活动自古有之，都说有4000多年了。难能可贵的是，战争年代、“文革”等非常时期，村民转入地下，使这一走亲活动从未中断过。

羊獬和历山互为亲家。羊獬人称娥皇、女英为姑姑，视舜为女婿；而历山人称娥皇、女英为娘娘，称舜爷爷；羊獬人比历山人永远大一辈。每年的农历三月三，羊獬村人都要从历山接回娥皇、女英二位姑姑，小住一段时间；而到农历四月二十八，历山人再将二位娘娘迎回去。此活动无任何功利色彩，皆由民间组织，参与者自愿，无任何报酬。无任何血缘的村民互视为亲戚，一路热情接待，免费吃住。因为年年如此，有的人家的亲密程度已超越血缘关系，成为实质上的亲戚，平时也常走动往来。每次接或迎，一般要持续三天。来回行程约40公里。行走路线随着岁月更替，略有调整。行走方式也经历了徒步，骑自行车，开手扶拖拉机，骑摩托车，开小汽车等。

队伍马上就要上车离开历山回转，羊獬锣鼓再一次敲起来。

2010 年，我们亲历了羊獬村的接姑姑活动。

农历三月初二，早上8点，在羊獬村举行过仪式后，接姑姑的庞大队伍便在锣鼓喧天中起程了。早春天气，万物更新，沿途绿油油的麦子点缀在黄土地上，分外养眼。一支特别的接亲队伍，神锣开道，隆重而神圣，沿途村庄都积极响应。上午队伍经过了北马驹村、赤荆村、赵村等，村民们自发地在路边摆着吃食和茶水，请羊獬亲戚享用，意为打尖。而西乔庄村则是安排了午饭的，一番表演结束后，驾楼暂停在娘娘庙里，村民们争抢着从接亲队伍中各邀请回几个亲戚回家吃饭。

午饭后，西乔庄的锣鼓队又和羊獬村的锣鼓队摽上了劲，双方卖力地表演，队伍在村里行进得非常缓慢，直到村口的将军庙上，接亲队伍才重新上了车。下午的程序与上午差不多，约18时，接亲队伍终于到达历山。在神立庙热闹了半个小时后，接亲人员分别被历山亲戚领回家。我们编辑部的三个人，连同中国艺术研究院的四位博士生，被分配到历山的另一个自然村东圈头的李村长家。自然是好吃好喝，被待为上宾。晚上睡大炕，身体分外舒展惬意。

羊獬村与士师村

士师村，是尧的大臣皋陶的故里。皋陶是尧舜禹时期的大理官，时称"士师"，他是历史记载最早的法律创造者和执法者，被称为华夏司法鼻祖。

在羊獬村唐尧故园的尧王寝宫前，立着一块石碑，上书生獬遗址。一旁有獬的塑像，很像一只独角羊。

羊为两角，突然生出一只独角的来。古人与今人一样，都爱猎奇。所以，周府村羊圈里的这只异样的羊，便被当作神兽重点保护起来。家养牲畜本就是家庭一员，与人日夜相处也习得点人智，看到两个人争吵打架，便上前用独角顶那个恶眉恶眼的人。这样顶了几次后，便被好事者大肆渲染，羊的主人给那只英明的独角系上了红布条。一只或许是因遗传变异的羊，就此成为瑞兽。一只独角羊与人异类，不会为了什

接亲送亲活动期间，往往要唱戏来娱神、娱人。

么利益偏袒哪一方，它用神奇的独角作为断案工具。在尧舜时期，社会管理人才奇缺，尤其是司法人员，这一只独角羊凌空出世，真算是解了尧王的急。他以为是天意，热切地连家也搬迁到此，并将村名改为羊獬。

这是羊獬村的由来，也是“接姑姑、迎娘娘”风俗活动的最初起点。但奇怪的是，浩浩荡荡绵延4000多年的风俗却没有将这只瑞兽作为主角，就连赫赫有名的尧舜也只作为此项风俗的隐性基因。生獬这个事件，在早期社会是应该载入国家史册的，本身体现着强烈的社会政治色彩，但在民间风俗活动的大河冲刷洗涤下，却沉入历史河床中，做了一枚普通的石子。獬豸，作为中国法律最早的象征物，给中国传统法律增添了久远的淳朴性和天意的神秘感。

“接姑姑、迎娘娘”风俗淡化了社会政治色彩，所以与政治相关联的人物和地点就有意被逐出走亲线路之外。离羊獬村约五公里处，有个士师村，是尧的大臣皋陶的故里。皋陶是尧舜禹时期的大理官，时称“士师”，他毕生倡导明刑弼教，是历史记载最早的法律创造者和执法者，被称为华夏司法鼻祖。当年，尧除了家人外，也携了法官皋陶一同前往去看那只瑞兽，后来这只瑞兽就成为皋陶工作的好帮手。

士师村是一个大村，村口牌坊上有皋陶故里四个字。经打听，我们找到了皋陶纪念馆，大门牌匾上另书写着一行字：华夏首家司法博物馆。这是在最高人民法院和山西省高院、临汾市中院的支持下修建起来的，在一片民居中显得鲜艳夺目。大殿内已塑起高大的皋陶像，但其他展厅内还未陈列出与法律相关的实物，惟有一只石雕獬豸在拐角的一间屋内若有所思地站着，日影透过窗户照在它身上，显得神秘安详。看门妇女对久远年代的皋陶表现出十二分的崇敬。她颇认真地讲述，在大殿合顶那天，村里突然飞来一只大鸟，向纪念馆这边观望，村人认为大鸟就是皋陶的化身。士师村还有传说中的皋陶墓地。

第二天就是农历三月初二，是接姑姑起程的正日子，但士师村的人对此项活动没怎么关注。他们以皋陶故里为荣，但有关獬豸与羊獬村及接姑姑的内在关联却不得而知。官方政治与民间活动是历史的两个方向，也成为一个村庄与另一个村庄的两个精神符号。

为“姑姑”服务的人

“马子”是由“姑姑”选出来接受考验的，身份是銮驾的开路将军。上马也就是被考验的过程。这时被选中的人突然失去正常意识，瞬间变得力大无比，腾挪跳跃。

农历三月三。吃过早饭后，我们在村里走了一圈，才大体看清东圈头这个有些遗世独立的小山村。传说村名的由来与舜有关，是当年舜的一个养羊基地

马林诺夫斯基在《文化论》中指出：文化是包括一套工具及一套风俗——人体的或心灵的习惯，它们都是直接的或间接的满足人类的需要。这是尧舜传说与走亲仪式强大生命力的根源之一。

（历山另有西圈头村）。我们正好在坡上碰到一位放羊归来的老人，眼见他将羊群赶进羊圈，摄影师跟进去拍摄，而我却意外地被挡在栅栏外。放羊人忙向我解释，村人认为外边的女人不能随便进羊圈，那样会影响母羊产奶。

因为怕错过活动细节，9点钟我们就又一次进入神立庙，发现庙里已挤满了人，有附近村庄的，也有从洪洞县城来的。因为今天是庙会的正日子，农历三月三，许多人家年年都要来庙里烧香祈福。神立庙内除了皇英殿、舜殿外，还有儒释道偶像，来此的村民见庙就叩头，哪位神也不怠慢。皇英殿内人头攒动，拥挤程度不亚于五台山的五爷庙。庙内的戏台上正在上演地方戏，台下坐着好戏的村民，长着一张棕色脸面的史振华也在其中，他正神情专注地盯着戏台，与寻常的老年人无异。史振华个子很高，身子挺拔，今年 76 岁，是资深“马子”，一生中上马二三十次。

马子，即神人中介。我问了许多人，他们都亲见过上马的人，对血腥场面并不惧怕，认为那都是神的旨意，没什么可怕。“马子”是由“姑姑”选出来接受考验的，身份是銮驾的开路将军。上马也就是被考验的过程。这时被选中的人突然失去正常意识，瞬间变得力大无比，腾挪跳跃，好几个人都按不住。接着，用木锤将一刀片钉入额头，再用铁钎穿透脸颊，以示勇敢。浑身是血的“马子”下马后，陪神的人只是用香灰涂抹一下伤口，伤口便立即平复如初。这神奇的一幕很难用目前的科学来解释。史振华因年老，前些年已不再上马，他的徒弟、40岁的郭安民接过了上马的任务。郭安民是一个高个子，有一张长脸，人很热情。他似乎很愿意让我们看到他上马的过程，说已准备好工具。但又一再地解释，他也不知道今年会不会上马，这要看姑姑的意思，那是不由人的。后来我们从历山某负责人那里得到准确消息，今天不会有“上马”，因为怕伤了游客。这让我们迷惑不解，上马与否到底由什么决定？

12 点仪式始，历山主事者诵读《送亲诏》：

“娘娘归宁，即刻起程，历山裔孙，依礼送行。三社董事，静候故宫，欢迎亲戚，降香接迎。”

在锣鼓声中，羊獬主事者在皇英殿焚香叩拜，请姑姑回家。于是二位娇小玲珑的瓷姑姑被羊獬人双手抱在怀里，史振华始终护在一旁，退休的“马子”依然有特殊身份，是专为姑姑服务的人。而郭安民则负责锣鼓队，一再地嘱

接姑姑队伍路过村庄都要下车步行，以示对亲戚的尊重。

咐队员们慢走，多停下来敲打，并因此起了些微争执。他虽未上马，但与史振华一样，是与姑姑特别亲近的人。在拥挤嘈杂的人群中，郭安民又一次看到了我们，便伸出手来道别，一再地表示抱歉，似乎他未上马是他的过错一样。其实我的好奇心根本压不住对血腥场面的恐惧。我在他的额头上只发现像线一样细的几道肉色划痕，脸颊上则什么痕迹也没有。在他谈起上马一事时，没有丝毫心理负担，倒是我内心复杂。姑姑在人心中是那么慈悲善良，她怎忍心通过血腥来检验凡人对自己的忠诚度呢？

和“姑姑”歇息在万安镇

万安镇是所经的最大的行政区，几乎每家都在路边放着供桌，虔诚的妇女和老人跪在路边迎接姑姑，在队伍经过时燃起鞭炮，满街都是震耳欲聋的锣鼓声和鞭炮声。

在人山人海的围观中，二位姑姑端坐于驾楼里，羊獬接亲队伍开始离开神立庙。抬驾楼的大汉里不知何时插进一位装扮时髦的女子，她用双手紧紧地抓住肩膀上的抬杆，看得出很吃力，但满脸堆笑，出奇的虔诚。在那一刹那，我有想抢着抬一下驾楼的冲动。

下午 13 点，队伍在将军庙辞别了送行的历山人，上车回转。几分钟后经过石家庄。13点15分，到达韩家庄。韩家庄的女子锣鼓队迎着了羊獬亲戚，足足在村里敲打了一个小时。再次上车后也就一分钟，杨家庄即到。又是女子锣

这些孩子从小就参与到家乡的风俗活动中。

鼓队，她们统一戴着墨镜，威风凛凛。14点30分，锣鼓息。我们在一大院里集体吃腰饭，也就是打尖。

从早晨到现在，所有人都饿极渴极，先端起大碗茶来，然后抓起馍，就上凉菜。这里有风俗，羊獬亲戚一般不吃完一个整馍，剩下的小块杨家庄人都要收起来吃掉，讨吉祥，认为是姑姑送的福。约十分钟后，吹哨走人。锣鼓队继续敲打，向村外走。远远就能看到下一站万安镇。但没想到，万安人性急，自己的女子腰鼓队早早就站在了杨家庄的村口，为此杨家庄人不高兴了。两地锣鼓连在了一起，最吃力的是羊獬队员，他们得陪着不断地敲打。从14点40分开始，锣鼓队边走边敲，进入万安镇后更是十几步就一停。

万安镇是所经的最大的行政区，街道宽敞，两边商铺林立，几乎每家都在路边放着供桌，虔诚的妇女和老人跪在路边迎接姑姑，在队伍经过时燃起鞭炮，满街都是震耳欲聋的锣鼓声和鞭炮声。一个小时后，驾楼才抬到了娘娘庙。万安的娘娘庙比较大，香火很旺。除了供娘娘外，还有专门的殿分别供着尧王、舜王，老君、东岳大帝等。万安是娘娘行宫，所以这里也有一个驾楼，与羊獬的驾楼并排放在大厅间。这时两位姑姑终于可以歇息一下了，但焚香请安的人还是不断。

16点后，羊獬人再次被亲戚分别领走。16点半，我们在乔三才家里补吃午饭，依然是八个菜的标准。晚饭挪到了胡玉凤家。她家婆婆、87岁的陈腊梅，正在家做女红，是为四月二十八的迎娘娘剪贴缝制各式各样的动物和花儿，娘娘身上的衣饰、鞋、凤冠等也出自老人之手。她一辈子都为娘娘庙服务，是万安镇资深的民间艺人。虽为耄耋老人，但身材娇俏，穿着整洁讲究，面庞白皙，皱纹稀少，耳朵上坠一对金环，思路敏捷，显得非常精明能干。可惜前两年得了心脏病，每天都要吸氧，但老人只要觉着身体舒服点，就抓紧时间剪剪贴贴，儿媳妇给她当下手。

晚饭后，我们循着唱戏声，穿过摆满了小吃摊的街道，再一次进入娘娘庙。庙里灯火通明，人头攒动，热闹程度不次于白天。除了看戏的人群，各大殿里仍然不时有上香的人，多是上班族，白天没空，晚上赶来焚香。因此碰到美女的几率显然比白天大多了，这让我们的摄影师相当兴奋。

当晚，我和陈腊梅老人的儿媳妇睡在一张床上，她白天在庙里帮忙，又是腰鼓队员，所以一躺下就起了轻微的鼾声。而因房门未关，隔一道厅的另一间卧房里，传来陈腊梅老人与她66岁的女儿杨喜莲聊家常的声音。杨喜莲每年都会在活动期间回娘家小住几天。她们讲的是地道的洪洞方言，外人一个字也听不懂，就权当催眠曲。床铺柔软，被褥清新，我一觉睡到天亮。

娥皇、女英的洪洞传说

有关娥皇、女英生前的事迹在洪洞民间传说很多，而且某些村庄的村名来历也与两位姑姑密切相关，比如车辐、

接亲队伍和油菜花，形成一道独特的风景。

吃腰饭，即打尖。接亲队伍一路上要吃好几次这种腰饭。虽然饭菜简单，但几百人一起吃，就吃出了热闹和滋味。

马驹、赤荆、龙马等村。

从三月初三中午在历山神立庙接上姑姑开始，我们的心便莫名地踏实了许多，也情不自禁浮上一种荣耀感。作为羊獬娘家人的一员，我不时地在长长的队伍中窜来窜去，有时找不到自己的车了，就随便搭上一辆，这几百号人马就是一个大家庭，每一个人都会受到亲人般的照顾和对待。

而接亲队伍一路似乎只有高潮没有低潮，村村都是亢奋的音符，敲锣打鼓、接驾楼、吃腰饭。说实话，我们后来就感到了一点疲倦和审美疲劳，但那些参与接亲的村人却始终情绪高涨，虔诚认真，显然他们内心比外人多了一种坚定的信仰。

马林诺夫斯基在《文化论》中指出：文化是包括一套工具及一套风俗——人体的或心灵的习惯，它们都是直接的或间接的满足人类的需要。一切文化要素，一定都是在活动着，发生作用，而且是有效的。这是尧舜传说与走亲仪式强大生命力的根源之一。

因为每年铁打的走亲活动，使羊獬、历山这两个河东河西村庄紧密联系

在队伍必经的大路两边，不知什么时候已密密麻麻跪满了人，目测之下，少说也有千余人。每人面前都点着三炷香，另用两炷香夹着一小块黄裱纸，备娘娘赐药之用。

行进的队伍是万安镇的女子腰鼓队。

在一起，并且波及到走亲线路上的其他20来个村庄。于是这些村庄被一条神秘的纽带联结起来，成为地缘基础之上的血缘。而“接姑姑迎娘娘”风俗又有直接的血缘和姻亲背景，所以整个活动就变得丰满立体，血缘、地缘的相互生成和转化成为这项活动的明显特征，隐隐折射出人类早期氏族社会的影子。聚集、团结，合为一家，惟有这样才能获得最有保障的生活。在和平的环境中相亲相爱，是洪洞走龙亲活动的深层次指向，即便过去了4000多年，活动的新鲜感不减，被活动串联纽结在一起的大片村庄成为一个集体公社，所体现的仁爱仁慈极符合如今倡导的和谐社会建设。

当人们从庙里焚香将娥皇、女英请回家后，两位有着明确历史身份的女性就成为至高无上的神，笼罩在家庭的上空，庇护全家老小。村人笃信，伟大的人死后就升天成为神。神就能够反过来满足人们的某些世俗欲望，消灾免难，兴旺一个家庭和一个村庄。

有关娥皇、女英生前的事迹在洪洞民间传说很多，而且某些村庄的村名来历也与两位姑姑密切相关，比如车辐、马驹、赤荆、龙马等村，都有姑姑传说存在。娥皇、女英自从嫁给舜以后，就一心一意相夫教子，早把父亲尧所嘱托的监督接班人舜的事淡忘或忽略了。她们的形象完全符合中国传统观念中贤妻良母的标准，一点没表现出帝王之女的派头。娥皇在家主持家务侍奉翁姑，女英助舜料理政事。人们亲切地称她们俩为并蒂莲。

洪洞县古称神圣之邦，从县志来看，上古人物生于或活动于洪洞的很多。伏羲、女娲，当年就活动在洪洞。而公孙堡村是黄帝的出生地，舜耕历山，尧迁羊獬，皋陶生士师村。

舜曾打井浇地。站在历山神立庙前的平地上向南俯看，传说中的舜井被水泥井栏保护起来。《洪洞县志》也记载了女英神泉的事。有一次，女英碰到两个沟北村人在历山的舜井取水，便问为什么跑这么远来取水，后来得知沟北村缺水，便回家和舜商量后，一个人骑马到沟北村帮助村人找水。最终神马助她，找到了一股地下泉，从此沟北村人有了水吃。为了纪念女英的功德，便把泉水命名为女英泉。

每年三月三，二位姑姑来羊獬娘家；四月二十八给父亲过完寿后再回到婆家历山；这一来一回走亲过程中，她们与村人们建立起非常融洽的关系。延续至今的腰饭如小米饭、豆包、苦苦菜等，传说都是当年二位姑姑同村人一起吃过的。她们虽贵为国家第一夫人，却与民打成一片。也因此，女性特有的亲和力成为整个风俗活动的温情所在。二

老人是整个活动中最虔诚的人群，因为二位姑姑（娘娘）在他们心中驻扎得更长久。图为万安镇娘娘庙内，墙壁上画着娥皇、女英的故事。

位姑姑的女性身份，消除了村人对高高在上的当权者的仰视和敬畏，他们从中找到了内心的契合点。通过每年的走亲，二位姑姑从庙堂走进人们的日常生活中，她们在屋内的一个角落住下来，接受人们的供奉和膜拜，成为一种类宗教的人物。

在接亲过程中，我们常常看到虔诚下跪的人群，他们焚香祷告，在鸾驾到来时，以为求得治病保健的神药，打开折叠的黄裱纸，煞有介事地仰头吃下姑姑所赐的神药。娥皇、女英除了能帮助人们消除天灾人祸，也能治病救人，与宗教里的神一样神通广大。

回到"娘家"

队伍在距唐尧故园前500米停下来。炮响三声后，鼓乐齐鸣，从园内走来12对装扮一新的宫娥，她们打着宫灯，款款到了驾楼前面，引领姑姑回家。

三月初四的早饭又转到杜安平家。他们家似乎知道我们这两天吃腻了油饼，专门起早做了包子，并准备了四荤二素六个菜。因为今年羊獬亲戚来得少，所以各家只能派到一餐。

上午9点开始，庙里戏台上的戏刚结束，锣鼓队就又开始了新一轮的表演。人群抓紧娘娘停留的时间，焚香跪拜。10点钟，队伍出了庙，开始穿越街道。这一次行进得更加缓慢，沿街铺面和住户又都摆上了供桌，一位老太太用打火机熟练地点燃了一挂长长的鞭炮。队伍路过卫生所时，一位正输液的5岁小男孩，也被爸爸抱到了门外观看，输液瓶被他妈妈高高地举着。

队伍穿越多半个镇，最终拐到东外环路，至此就要出村。令人震撼的一幕也在此上演了。在队伍必经的大路两边，不知什么时候已密密麻麻跪满了人，目测之下，少说也有千余人。每人面前都点着三炷香，另用两炷香夹着一小块黄裱纸，备娘娘赐药之用。12点20分，驾楼准备抬到车上时，许多人一下子涌上前下跪，向娘娘告别，有人还抹起眼泪。这自发的盛大跪别礼已延续多年。

几分钟后，队伍路过西梁村，村里的锣鼓队迎接，并准备了腰饭。驾楼停留在一户人家的院子里，据说是娘娘庙旧址，"文革"期间，主人在家中悄悄接过娘娘。13点40分，再过东梁村。14点 28 分，辛庄村以连成片的鞭炮欢迎娘娘，仪仗队的人数超过了100人。驾楼停在村里的马王庙，里边建有一间娘娘殿，二位娘娘胖胖的，双下巴，一团和气。庙里另外还供着关帝、土地爷、观音菩萨等，多神崇拜在老百姓间很流行。此地准备的腰饭是黄米枣金豆甑饭、臊子面及凉菜。

出了辛庄村，几分钟后就到了白石村。又是一阵长时间的敲打，16点30分，驾楼才抬到娘娘庙里，人们上

87岁的陈腊梅老人为四月二十八的迎娘娘活动缝制的小动物。娘娘庙里娘娘身上的衣饰、鞋、凤冠等也出自老人之手。她一辈子都为娘娘庙服务，是万安镇资深的民间艺人。

来争请吉祥索，求神药，并旋转万人伞，据说那能消灾减难。这里准备的腰饭是苦苦菜，粉丝豆腐丝，菠菜粉条以及尖椒鸡蛋，茶水和馍。其中吃苦苦菜是几千年来的传统，为的是纪念娘娘与民共甘苦。

后来，我们的车早早就到达下一个村庄，没有再随着仪仗队步行。接下来的杜戍村和洪堡村都准备有腰饭，但我已实在吃不下了。18点20分，队伍到达最后的一个村庄屯里的菩萨庙，偏殿内供着二位娘娘的画像。

19点30分，人们下车步行，焚香过汾河。这一路行来，锣鼓队和抬驾楼的人员最累。在一些土路上，怕颠着二位姑姑，有专人负责将二位姑姑从驾楼请出，抱在怀里。此时天色已晚，羊獬村近在眼前，姑姑终于要回到娘家了。19点46分，车队在村口的将军庙前停下来，早已等候在此的一群小学生挤上来抢旗子，几个妇女也从男人肩上抢到驾楼，除锣鼓队外，其他人员都被换下了，人们以加入到接亲队伍为荣。

这时，沿街人家多悬挂有红灯笼，迎接姑姑回家。晚上20点20分，队伍在距唐尧故园500米地方停下来。炮响三声后，鼓乐齐鸣，从园内走来12对装扮一新的宫娥，她们打着宫灯，款款到了驾楼前面，引领姑姑回家。这些宫娥，多半是临时回村的羊獬籍高中生扮演。

人们终于将二位姑姑请回到羊獬娘家，供奉在皇英殿内。

园内，挤满手里举了三炷长香的村民，他们夹队迎接姑姑。这三炷长香将在姑姑殿前点燃，最后请到自己家中，也就算把姑姑请回各自家里了，可以保佑一年平安。驾楼停在寝宫前，请出二位姑姑，先到殿内问过父母安。然后，由一位美丽的宫娥怀抱着二位姑姑，再回到皇英殿里歇息。皇英殿的供桌上，趴着一头刚刚屠宰过的肥猪。殿内另隔出一间小屋，业已布置好两张整洁的木质单人床，上面摆放着簇新的铺盖，姐姐娥皇铺红，妹妹女英铺绿。两位羊獬妇女一再地抚平花格子床单。

20点50分，主事者在皇英殿前，情绪昂扬地对满院子的羊獬人大声吼道：向姑姑跪安——几千人齐刷刷跪下。在这最后时刻，面对庄严肃穆的场景，完成接姑姑任务的我不由自主随着羊獬人，也向着皇英殿跪下来，深深地磕了三个头。

望不断的回家路

娥皇、女英自此就住在羊獬娘家，直到农历四月二十八为父亲过完寿后，再由历山人把她们接回去。整个仪式与三月三羊獬人到历山接姑姑差不多。一般是历山人提前一天到达羊獬，在亲戚家住一晚，第二天再热热闹闹将二位娘娘迎回历山。而万安人却是在四月二十八这天到达羊獬，送走历山的迎娘

在辛庄村吃腰饭时，驾楼停在村里的马王庙。庙里除了供二位娘娘，另外还供着关帝、土地爷、观音菩萨等，多神崇拜在老百姓间很流行。

娘队伍后，继续留在羊獬亲戚家，帮着打扫房屋，第二天再返回。迎的过程与接的过程大体一样，依然隆重热闹，牵扯和打动沿途数万人的心。

一年中，除却接姑姑迎娘娘的日子，农历五月初五舜的生日，六月十八娥皇的生日，九月初九女英的生日，羊獬人还要备以时馐，成群结队到历山，与历山人一道祝寿。这时，无法参加接亲队伍的羊獬妇女终于可以理直气壮地到历山走亲戚了。这一年里头的几个重要日子，将村庄相互连接，让不同村庄的人相互频繁走动，一种看似非血缘的亲戚关系实际是久远年代的集体祖先记忆。

洪洞县古称神圣之邦，从县志来看，上古人物生于或活动于洪洞的很多。据载，创造人类的伏羲、女娲，当年就活动在洪洞，或者就生于洪洞。卦底村，传说是当年伏羲画八卦的地方。而公孙堡村是黄帝的出生地。舜耕历山。尧迁羊獬。皋陶生士师村。这些人名如雷贯耳，给一方土地留下了浓厚的人文环境。发源于洪洞大槐树下的移民文化，掀起了中国人的寻根热潮。“五百年前是一家”，大槐树情结在许多中国人心中根深蒂固。而更加久远的华夏血脉，却是洪洞根祖文化的原点。岁月流逝了几千年，人类如树叶一样滋生，客观上离根越来越远，因而对根的探究和靠拢是隐匿于内心的终极渴望。通过一种隆重的仪式，牵起陌生人的手，“五千年前是一家”，羊獬历山一线的村民似乎更加浪漫感性。他们以一种生动活泼的形式记载了如烟历史。

现代社会在高度发展的同时，超越功利的任何一种文化现象，都将成为人心最柔软处的花朵，让一方百姓最终尝到安宁快乐，满足欣慰。这也是洪洞的走龙亲风俗活动几千年不曾衰败消亡的原因。亲戚，一种源自血缘和姻亲的真实联系，经过了几千年，演变成一种虚拟的背景，而让“接姑姑迎娘娘”这一风俗活动更加牢固的或许是人心对抗现代孤独的反向力量。

撰文/丹　菲　摄影/王　牧

怀仁：历史的和解

晋王李克用和辽太祖耶律阿保机并肩站立，高举着酒杯，在行结义礼。这是近几年怀仁所立的城市景观标志——“怀想仁人”。

晏头村黄土堆砌的堡墙仍然高高立着，证明着一个普通村庄的不平凡历史。

金沙滩生态旅游区的仁和殿内，中间坐着一脸忧思的宋太宗，左边列文武大臣，右边站立着英武的杨家将。

怀仁县城

地处雁门关外的怀仁县是山西朔州市的东北大门。

进入怀仁地界，第一感觉就是平坦。山西多山，怀仁三分山、七分川的地形地貌突然就颠覆了我们之前保持的视觉惯性。

平地上建起的怀仁县城给人的印象除了开阔之外，便是一股浓郁的现代城市气息，这里似乎很难看出它只是一个县城。现代化的怀仁，其富裕与地底下的煤炭资源分不开，这是山西一些富裕地区的共同特征。那些地下的资源就这样在一个历史时期给了生活其上的一方人们以经济上的升腾。

在寻找县政府大楼时，我们凭着感觉顺着一条繁华的街道往前开，一扭头先看到了广场上的人物雕塑。晋王李克用和辽太祖耶律阿保机并肩站立，高举着酒杯，在行结义礼。这是近几年怀仁所立的城市景观标志——“怀想仁人”，也是对县名的一次直观形象化解释。而关于怀仁县名的真实由来，还存有一些争议。《新五代史·唐本纪第四》载：“天复五年（905年），克用会契丹阿保机于云中，约为兄弟。”《辽史·本纪第一》载：“（天复五年）冬十月，太祖以骑兵七万，会克用于云州，……易袍马，约为兄弟。”夹在史书里的这一情感事件，让许多人产

生了美好的联想。停止战争，握手言和，这是中原文明和北方少数民族相互依存又相互争战的理想出路。两位历史人物选择了和平共处，便成为人们心目中的仁人。以“怀想仁人”打造一个地方的文化名片，似乎也是一种不错的选择。

从蓝天白云下林立的楼房和兴高采烈的人群中，今天的访客已很难想象和描摹曾经狼烟四起的边塞气概了。怀仁县自古在地理上处于交通要道，即便今天，从太原到大同，怀仁县还是绕不过去的地方。因为离大同比朔州还近，所以在怀仁县城马路上奔驰的车辆多为大同牌照，而立于马路中央指挥车辆的飒爽英姿的年轻女警察，她们算是怀仁县城里的时尚一景。

怀仁县经济雄厚，人们外出打工的相对比别的地方少了许多，却吸引了不少来此淘金的外地人。据说如果看山西的城市建设，“南有侯马，北有怀仁”。怀仁的城市基础建设相当出色，

晋王李克用和辽太祖耶律阿保机并肩站立，高举着酒杯，行结义礼。这是近几年怀仁所立的城市景观标志：“怀想仁人”，也是对县名的一次直观形象化解释。

怀仁县位于山西省北部的大同盆地中心。东临桑干河，西依洪涛山，黄花岭雄踞于南，大同市扼守于北，总面积1230平方公里。三分山，七分川，地形西高东低。山水清邃，错以腴壤，良宜聚族而居。鹅毛口古石器工场遗址表明，早在1万年以前，即有先民集居。唐尧时属冀州，秦隶云中郡，北魏为云中县地。辽始置县，取怀想仁人之意而名。金升为云州，元改怀仁县，明、清及民国因之。1954年与大同县合并为大仁县，1960年置怀仁区，1964年12月恢复怀仁县建制至今。1993年7月，划归朔州市。

新中国成立后，在打破常规的积极形势下，潘杨两家终于借着春风化解了恩怨，并牵手步入洞房。潘生旺娶了杨四板。

在道路、房屋、广场公园、绿化等建设方面连续多年来注入大量的人力物力财力。共建有8个广场、公园。位于市中心的迎宾广场，宽阔、漂亮。除了“怀想仁人”巨型雕像，音乐喷泉也定时开放，露天电影，大型电视屏幕等，无一不展示着怀仁的富庶和闲适。怀仁的下一个目标是撤县建市，一个新兴的现代化城市呼之欲出。

不过由于怀仁在历史上的过境通道作用和市郊地位，使它少了一些适合触摸的历史痕迹。怀仁县境内有一处古石器工场遗址，位于鹅毛口村西北二里许的大瓜地沟和小瓜地沟周围几个相连的小山包上，裸露着许多大小不一的各种石器残片。考古学家贾兰坡曾三次到这个地方考察过，证实鹅毛口石器工场是华北地区最大的一处古石器工场遗址，较西安半坡仰韶文化遗址早。属新石器时期早期遗址，距今近万年。那天，我们慕名驱车前往，找到鹅毛口村，向村人打听古石器工场遗址。但是车开到山脚下，望着眼前的小山包，却一下没了信心。大瓜地沟和小瓜地沟就在对面的山坡上，但真要爬上去，得两三个小时。赤日炎炎，又没有文物所人员做向导，即便置身其中，也难以认出哪些石头是经过万年前古人加工的工具。于是，我们选择了放弃。回头看到，就在我们停车的地方，立着一块碑：张瓦沟古陶瓷窑址。窑址已回填，后面是一家煤矿。

如今，在怀仁县城西北角的一片居民建筑间，夹杂着一小截厚厚的土墙，就连附近的一些居民也很难看出那就是过去的城墙。只有上了岁数的土著居民，心里还明白，它是老城遗迹。

不过历史如水逝去，传说却留在民间。如果怀仁县的历史有些扑朔迷离，那众多传说却让怀仁魅力无穷。

金沙滩传说

“步入怀仁川，必说金沙滩。”不知这话最早是从什么时候流传的。从《怀仁县志・建置》中看出，1958年9月，金沙滩作为一个公社名首次出现。这个看似随意的名称，应该是基于一定的民间传说。现在的金沙滩是一个镇名，在中国许多地方都热衷于给自己寻找历史文化名片的大环境下，金沙滩地名无疑给当地带来了旅游潜在资源。前几年，怀仁县依托历史文化渊源和大量的民间传说资源建起了金沙滩生态旅游区。

金沙滩生态旅游区距县城十公里，毗邻大运路，背依洪涛山，景区面积6000余亩。中心区域建有仁和殿、点将台、八卦迷魂阵等建筑和场景，以及杨家将英雄石雕群、壁画等。是一个普及杨家将故事的形象教材。我们去时，雕像群所在的地面正在施工，但仍然有游人不时到来。整个生态区树木众多，空气清洁，不设门票，游人自由出入。此生态园的雕像、壁画等均是依照话本和戏剧而来，游人兴致勃勃，因为他们对杨家将的认知多是从文学艺术而来，眼前的场景契合了他们的心理。

我们见到了怀仁文化名人郝丽云，这位多年致力于地方文化研究和写作的男人还不到40岁，但对怀仁历史文化如数家珍，对家乡怀着无限的敬仰和热爱之情。他几乎走遍了怀仁的山水村落，触摸到许多珍贵的历史痕迹，更搜集到许多沉于民间的传说。尤其对于杨家将的故事，情有独钟。他出过一本《金沙滩》，这本书图文并茂，引经据典，结合实地考察和民间传说后将当年宋辽那段历史再现在读者眼前。其中虽有一些文人习惯的激情联想，但给人的启发却也颇多。

一帮小男孩，有姓潘的姓杨的，也有两个其他姓，知道我们要给他们在古堡照相后，没几下就蹿到了高高的堡墙上。

古时候打仗，仪式性很强，从另一个层面说，怀仁大地的平坦开阔产生了战争的温床。筑城安居，攻城掠夺，中原文化和游牧文化在这块大地上打打杀杀，最终达到融合。在怀仁，随处可见古堡和烽火台遗迹，历史以堆砌的黄土形式，默默地诉说着。戏剧中杨家将血战金沙滩的故事如今在怀仁大地上深入人心，或许就是历史的余音一直袅袅不散。

在寻找杨家将的足迹时，我们到了盐丰营村，有人说村东就是当年双龙

向几个本地农民打听有关杨家将的故事，他们说出了晏头村。传说晏头村里住着潘姓和杨姓的后代，潘美（潘仁美）和杨业（杨继业）间的矛盾直接影响到他们的子孙建立睦邻友好关系，所以历史上的许多年间，村里的潘杨两家以仇人的姿态各行于世，互不通婚。

几个在附近做工的农民闲时爱逛金沙滩，他们能说上一大通杨家将的故事。

会的地方。杨大郎假扮宋太宗，赴辽人的“鸿门宴”，自然凶多吉少。议和双方都不诚心，辽兵和宋军展开一场混战，杨家儿郎死伤大半。村南有一块芨芨草滩，传说是杨三郎被马踏如泥之地。正午的炎阳下，村庄显得非常寂寥，我们难得碰到一个村民。

出村东穿过铁道，就是日中城村。与盐丰营村相邻的日中城村，却另有一番来历。在村南的一块玉米田头，立着一块碑，上书：“古城遗址”，是怀仁县人民政府于1988年9月29日公布的县级文物保护单位。现存有三面土城墙，犬牙交错，破坏较重，但明显能看出原来近乎一个四方城。县志上这样记载：有人说是北魏孝文帝筑。也有学者怀疑为汉代的城池遗址，因为实地发现了战国时期的铜箭头、汉代的陶片、方格砖及绳纹瓦。还有学者认为是北魏时建筑的小平城。众说不一，待考。因而立碑仅提示为“古城遗址”，可见立碑者非常慎重。

正午的炎阳下，远眺日中城村，它似乎躲在阴影里，有意躲开一段扑朔迷离的历史，让人们的想象无限加大。

晏头村的潘杨两家

向几个本地农民打听有关杨家将的故事，他们说出了晏头村。传说晏头村里住着潘姓和杨姓的后代，潘美（潘仁美）和杨业（杨继业）间的矛盾直接影响到他们的子孙建立睦邻友好关系，所以历史上的许多年间，村里的潘杨两家以仇人的姿态各行于世，互不通婚。

2010年7月21日午后，我们从怀仁县城出发，沿着公路一直向西南方向前

金沙滩生态旅游区距县城约10公里，毗邻大运路，背依洪涛山，景区面积6000余亩。中心区域建有仁和殿、点将台、八卦迷魂阵等建筑和场景以及杨家将英雄石雕群、壁画等。这是普及杨家将故事的形象教材。

进，路被同蒲铁路分割开来，汽车不得不从火车轨道下穿来穿去，颠簸的土路和一望无际的原野让我们迷了路。偶尔碰到一位老乡，指出晏头村的方向，而可怕的黄土路还是让我们的车如一头失去自信的甲壳虫步履艰难，有时候不得不集体下车帮司机推车。眼看时间已过去了将近两个小时，晏头村仿佛陷入了亦真亦幻的传说中，倔强着不露面目。

而我们也和传说较上了劲。司机照着地图，约摸着朝晏头村的方向开，最终经过一个煤厂，再次打听后才终于上了一条平整的柏油路，十分钟后，晏头村到了。后来我们才知道走了大弯路，县城直接就有一条平坦的柏油路通晏头村，那只需半小时。

一进村，我们见人就打听：是潘姓还是杨姓？果真如传说中所言，大部分村民不是姓潘就是姓杨。不过问起潘杨两家历史上的纠葛，大多村民都憨厚地一笑：那都是过去的老皇历了！如今，一群人蹲在院墙的阴影里纳凉，潘姓还是杨姓只体现在户口本上，人与人间的关系不再是姓氏能左右了，潘杨间的历史传说或者说文化误会早已成为一段如风往事。

在真实的历史中，潘仁美即潘美，是北宋名将，曾被赵匡胤称为孤胆英雄。虽在宋太宗掀起的北伐中，受个别小人牵扯，指挥失误，致使杨业受伤被俘，但远不至于成为话本和戏曲中的奸臣。整个北伐事件和最后的大规模迁回朔、寰、云、应四州百姓是朝廷的决策。但传说和历史开了个玩笑，潘美变成潘仁美，被后世人牢牢地钉在了耻辱柱上。

清凉山相传是文殊菩萨赴五台山途中的第一道场，素有“小五台山”之称。山上有清凉寺。

在人们的指点下，我们找到一对潘杨通婚的当事人。男方叫潘生旺，今年77岁；女方叫杨四板，74岁。两位老人住在独门独院里，一溜平房，院子一大半的地方种满各种蔬菜和花卉，一派生机盎然。鸡窝里的几只土鸡似乎在午休。小宠物狗拴在树干上被当作护门卫士，见主人突然领回几个陌生人，汪汪了几声后便摇起尾巴。杨四板的兄弟媳妇潘找弟，恰巧也在。她今年57岁，同样是潘杨通婚后的受益者。

潘生旺两口子与村里的许多老人一样，过着自理的生活，安度晚年。他们指着墙上挂着的一张全家福让我们看，照片中的十几口人一起露着笑容。杨四板特意指着孙子说，他是研究生，而孙女刚到了国外上学。他们于1956年结婚，生有二男二女，都在外地工作生活。老两口将家里收拾得很整洁，砖地、灶台、大炕、老式家具，充满乡村安乐气息。在我们端详墙上的照片时，他们已切开了一个大西瓜，逼迫着我们吃下去消渴。

说起潘杨两家的事，潘生旺讲，新中国成立前村里的潘杨两家从不通婚。潘家不请《血战金沙滩》和《告御状》两出戏，也不乐意杨家唱，为此两大家族常常斗气。潘家人引经据典，为他们的老祖先潘美（潘仁美）翻案鸣不平；而杨家人以为是忠义良将的后人，自信满满，将戏曲话本里的英雄豪气延伸至现实生活中，将潘家视作奸臣遗孽。但

村民非常形象地给我们比画，说当年杨业不愿降辽，不愿做李陵第二，因此被俘后碰碑而殉国，碑就在两狼山上。这个情节在戏剧里演绎得最甚。循着这个传说，近些年曾有许多人上山找过李陵碑，均无果。史书中明确记载，杨业是伤后被契丹所擒，不食，三日死。

是，男女间的情感是微妙的，香港电视剧《杨门虎将》中，潘语嫣爱上了杨四郎，注定是一对哀怨的有情人。而在现实生活中，潘杨两家人也被血缘和家族限定了爱恨情仇，他们不屑或耻于冲破这重樊篱，似乎这有关两大家族的骨气。

新中国成立后，在打破常规的积极形势下，潘杨两家终于借着春风化解了恩怨，并牵手步入洞房。在当地，这可是天大的改革。眼前幸福的婚姻典范，使一段历史成为真正的传说。

最后，潘找弟取来钥匙，领我们去看村里的正月庙，说是供正王爷的。庙就在古堡一角，她用钥匙开门时，惊扰了住在铁门环里的几只马蜂，躲闪不及的摄影师被蜇了一下。院子里长满杂草，除了正房，对面还有一个戏台。正房内墙壁上画着壁画，台子上供着的却是龙王爷爷和龙王奶奶，刷着艳丽色彩的小型木刻，表情夸张滑稽，神韵如同电视广告脑白金里的那一对活宝老爷爷老奶奶。

正房对面的戏台比较新，演戏没问题，院子里也够容纳百多人。正月间村里请戏，再也不会考虑潘杨两家的心理，热闹高兴了就行。

晏头村共有500多人，是平地上建

在峰北的半山坡上，有两块巨石叠加形成两间天然的石屋，筑有土炕，历代都有在此修行的人。

立的一个小村庄。但是村庄里遗留着土黄色的堡墙，保存相对完整，足有十米高，上边能走人，墙体内有地道，显然过去是一个森严的古堡。一帮小男孩，有姓潘的姓杨的，也有两个其他姓，知道我们要给他们在古堡照相后，没几下就蹿到了高高的堡墙上。摄影师紧追其后。堡墙外就是土路和庄稼地，村庄被隔在里边，四周安静。向墙头仰望，那十来个小孩子已在摄影师的镜头下欢闹成一团。历史、传说和现实似乎从没断链，恍惚不已的是人。

清凉山

怀仁的三分山位于县城西。最有名的是县西10公里处的清凉山。登上清凉山向东望，才更加形象地认识到怀仁三分山七分川的地貌。城市就近在咫尺，平坦坦地从山脚下继续向前延伸而已。陪同我们的小张用手指着一片高楼说，那就是我们家。这清凉山仿佛是怀仁的一个郊外公园，对当地人来说，异常亲和。

午休后，我们不紧不慢来到清凉山脚下，刚刚还赤日炎炎的天空突然阴了下来，西方隐隐响着雷声，有地方下雨了。而在我们的头顶却吹着宜人的风。清凉山果真名副其实，给人意外的清凉。山峦起伏，绵亘数里。但雄伟、险峻这些阳性词不适合它，它属于舒缓、温婉、敦厚、灵动这些阴性词。相传是文殊菩萨赴五台山途中的第一道场，素有“小五台山”之称。山上建有清凉寺。

在清凉山主峰上有一座华严寺砖塔，始建于辽金时代，近年修复过，七

清凉山的石牌坊，一进一出就是佛界和尘世。

怀仁曾经与北方其他一些地方是游牧文化和汉文化的交织地，广阔平坦，适宜古人列阵对打。惟清凉山上梵音古寺，高踞于西部，平和地望着低处的人们进入生死轮回。

檐八角，造型别致，为省级文物保护单位。小张自豪地指着一块功德碑让我们看，上面镌有他父母、哥哥及他的名字。跟着他绕塔三圈，以示对佛的礼拜。清凉山上的传说很多，有一则传说和水有关。山上岩间有一洼清水，叫一钵水，因为它面积小容积小，一次刚好够舀一钵水。但这一钵水被舀去另一钵水就又涌上来。僧人们一钵钵捧回去，如饮甘露。这些细节从胖胖的释庆圆师傅嘴里说出来，不像传说，让人以为就是发生在昨天的事。他是本地人，出家12年，对清凉山上的一草一木感情至深，平时就驻守在文殊殿。殿依石窟而建，凿于北魏时期，内有石刻文殊像一尊，与山一体，石像外面新描的彩绘庄严华丽。传说，文殊菩萨在去五台山之前就在此修行。比起五台山，清凉山显得小巧，但内在的气场相同。

在峰北的半山坡上，有两块巨石叠加形成两间天然的石屋，筑有土炕，历代都有在此修行的人。石壁上有一行阴刻小字看得很清楚：古月道明庵。

下到山脚下时，天已近黄昏，有人喊释庆圆师傅吃饭，但他还是先领着我们去看了残存的五座元代祖师塔。一只叫大护的黑狗在他腿前亲昵。

晏头村正王庙里供着的龙王爷爷和龙王奶奶小型木雕像。

吴家窑陶瓷厂是县属集体所有制企业，位于碗窑村西，1949 年1月成立，是怀仁第一个集体所有制的陶瓷厂。

清凉山的庙宇部分还在修建中，游人不多。但在每年的四月初八佛祖诞生日，会一下子涌上山几万怀仁人。

怀仁曾经与北方其他一些地方是游牧文化和汉文化的交织地，广阔平坦，适宜古人列阵对打。惟清凉山上梵音古寺，高踞于西部，平和地望着低处的人们进入生死轮回。

吴家窑和碗窑

过去，怀仁人被贬称“瓦盆儿”。虽然不雅，但从中可窥到一个信息，那就是一提到怀仁人，就联想到瓦盆儿。瓦盆特指陶瓷中的大众物品，作为生活日用品和建筑构件广泛用于民间。怀仁在很早的年代就盛产陶瓷，尤其盛产瓦盆这些日常生活资料。真正要追溯怀仁的陶瓷业史，需要专业人士进行。《怀仁县志》记载，本县陶瓷工业兴起于唐代。从已发掘出土的小峪、吴家窑、鹅毛口三处瓷窑遗址看，在辽金时期，怀仁的陶瓷生产已具有相当规模，而且工艺比较先进。怀仁天然的地质条件是陶瓷业兴盛的重要原因。直到如今，说起怀仁，许多人一下子就会想到怀仁陶瓷。在全国，怀仁陶瓷业占据的份额很

大。他们擅长于生产民间常用的杯盘碗壶等，销往全国各地，以及国外。

在怀仁地图上，我们一眼就看到“吴家窑”三个字，便决定到这个地方看看。吴家窑镇位于怀仁县西端。吴家窑陶瓷厂是县属集体所有制企业，位于碗窑村西。1949年1月成立。这是怀仁第一个集体所有制的陶瓷厂。之前都是民间作坊式的散盘状态，且各窑厂均生产陶器制品，产品品种贴近百姓生活，碗、坛、缸、瓮为主。1949年后，逐渐有了粗瓷、细瓷生产。随着国外市场的打开，又生产出一些西洋用具。

到了吴家窑，就感觉不到怀仁的平坦了，这里是典型的山区。山体中蕴藏着宝矿，煤的概念一下子又浮到脑海里。生产陶瓷的原料之一矸石就是煤炭的伴生矿。在吴家窑陶瓷厂的院子里，我们看到三堆石头：矸石、长石、石英石。这些灰不溜秋的石头最后都要经过粉碎炼制，由硬变软，最终形成轻薄洁净的器物。

参观完陶瓷生产的全部过程后，对一只碗的感情就加重了。这些工人们长年累月在湿热的车间里只做一两个很简单的动作，比如填泥、拉坯；挂釉；印花；检验。领计件工资。但是他们，尤其女工，给人的印象都很美丽。或许被迫的一种高温蒸汽浴有利于排毒，或是简单而必须谨慎的程序让她们格外心静专一，总之她们的面孔姣好。如果脱去工装，稍梳洗打扮一下，就是城市生活中的美女。她们浸淫于一种集体环境的单纯、安静氛围下，过着平凡安稳的生活。这是现代化潮流下的半手工业，生产出的每一件器物都深深烙印着一群人的体温、态度、情感。

沟对面的山坡上，一片居民区中夹着两座圆锥顶的石窑。这是过去年代个人作坊的遗留物，在人家的院子里，早已废弃不用。碗窑这个地名，估计就是一片生产碗的窑作坊演变而来，如今成为一个村庄。县志载，民国37年（1948年），全县共有经营陶器的生产作坊39 个，从业人员 150 余人。作坊多设在碗窑和吴家窑，碗窑村绝大多数人从事陶器生产。可见这两个村原来就没多少户人家，是窑工群落。靠山吃山，这里的人靠祖传手艺生存。

碗窑村的崖壁上有一座寺庙，叫雕窝寺。外形像小悬空寺。传说寺庙因一只神雕的事迹而建。离此不远，有一个山洞，人称寄骨寺，早些年，有人还见到里边有尸骨葬在瓮内。这让人联想到瓮葬。不知这瓮葬方式是不是与此地盛产陶瓷有关。死了人，选一口大号的瓮殓上，既方便又节俭，尤其适合穷人。至于其中所蕴含的丧葬文化，那需要另外的话题。这寄骨寺还有一则传说，曾寄存过杨业的尸骨。眼前的山叫两狼山，传说过去有苏武庙和李陵碑，碑上面还有杨业头碰的茬口。某某村民非常形象地给我们比画，说当年杨业不愿降辽，不愿做李陵第二，因此被俘后碰碑而殉国，碑就在两狼山上。这个情节在戏剧里演绎得最甚。循着这个传说，近些年曾有许多人上山找过李陵碑，均无果。史书中明确记载，杨业是伤后被契丹所擒，不食，三日死。

传说在民间顽强地存活着，真正的历史却被搁在一边。总之，杨业死于他乡，寄骨一方也有可能。入乡随俗，英雄的尸骨也屈居于一瓮内。如今，瓮之类的物品逐渐淡出人们的日常生活，粗陶制品被细瓷顶替。但一方水土养一方人，土地与人的关系还是那么密切。吴家窑、碗窑，仍然在岁月里坚韧、低姿态地进行着人生。

撰文/丹　菲　摄影/王　牧

历史如水逝去，传说却留在民间。怀仁县的历史有些扑朔迷离，但众多传说却让怀仁魅力无穷。

寻觅襄垣

从太原到襄垣，走高速约160公里路程，沿途的黄土坡，齐刷刷地种上了树。每棵树都有石块垒的半月形槽，嵌在山坡上，抹上白石灰水，阻挡水土流失。襄垣人说，在襄垣，都快找不到种树的地方了。增加植被以拂去空中的尘土，相对简单；而在襄垣，数千年的历史尘埃厚重，要想接近最原始的画面，见到精彩纷呈的那一幕幕，无疑是十分困难的事。我们要探访的，是法显的踪迹，以及那些创造襄垣历史的传说与现实中的人物，还有关于这座县城的古老回忆。

仙堂寺后的崖壁上，娲皇宫与观音洞之间，有高10米许的法显像，像左侧刻着赵朴初所题“东晋高僧法显法师”。法显左手捻佛珠，右手夹经书于腋下，长须冉冉，目光如炬，精神矍铄。

罗山下，一群戴着鲜艳头巾的妇女在冷风中忙碌，她们在为凉楼植树——在乾隆版的襄垣县志上，襄垣八景图之“凉楼胜观”曾经山环水绕。

法显故里的历史谜团

1898年1月，欧洲探险者在尼泊尔南境挖掘出一个石柜，铭文显示内藏物品为佛陀释迦牟尼舍利，由释迦族奉祀。出土文物的地点，正是公元413~416年间法显在《佛国记》中所述之释迦牟尼生处：迦维罗卫城，城东五十里。

“其人恭顺，言辄依实”，是时人对法显的评价，近1500年后欧洲人发现释迦牟尼生处，印证了法显所记不虚。

法显，东晋高僧，年逾花甲赴天竺求法，留下《佛国记》（又名《法显传》）一部，详细描述其西行东归的过程，成为西方探索古印度以及东方研究佛学的重要典籍。

唐义净在《大唐西域求法高僧传序》中说：“显法师则创辟荒途，奘法师乃中开正路。”即是对法显在中土佛教冒死西行求法的开创性功绩作了简洁的描述。汤用彤先生则说：“盖法显旅行所至之地，不但汉之张骞、甘英所不到，即西晋之朱士行，东晋之支法领足迹亦仅达于于阗。在显之前慧常、进行、慧辩亦只闻其出，而未闻其返。康法朗未闻至天竺。至于于法兰，则中道终逝。故海路并遵，广游西土，留学天竺，携经而返者，恐以法显为第一人。”在中土佛教文化的历史长卷里，西行舍身求法者，前仆后继，而只有法显第一个做到功德圆满，才有200多年之后玄奘这“第二人”，乃至再后来的第三人……

欧洲人系统地研究《佛国记》，早

位于龚家沟一个小土坡上的“法显故居”，十分低调，一如法显本人留给后世的印象。

于中国，《佛国记》最早在1836年便有了法译本，其后陆续出现英译本和日文版本。1886年英国传教士理雅各的英译本则影响较广。有人说佛陀舍利在迦维逻卫城被发现，即是受此及唐玄奘《大唐西域记》启发——这也是欧洲人研究的实用目的之一。

法显的游记，帮助证实了佛陀释迦牟尼的生处，而自己的生处，要由谁来印证？

法显俗姓“龚”，“平阳武阳”人，这是关于法显原籍的所有文字。这个“平阳武阳”使现在的研究者一头雾水。一直到20世纪80年代末，“平阳武阳”都被认定在山西的襄垣境内。或许由于连云山先生《谁先到达美洲》一书的出版及影响，重新掀起100年以来中西方陆续对“法显发现美洲说”的探索，让法显成为影响世界的“中国风云人物”，法显故里之争，也随风起浪。争议的原因，就是这个“平阳武阳”。

长期住在仙堂山上的李政国正在为仙堂山佛教文化景区的建设忙碌，法显无疑是这个景区的主角。图为李政国在试图拂去覆盖在法显塑像上的尘埃。

有关法显的文字记载，除《佛国记》外，最早只有南朝梁僧佑之《出三藏记·法显传》，后说大多延续。平阳千百年来，辖地范围多变，现主要指临汾一带，但接下来的“武阳”在“平阳”的何方则是一个谜；襄垣地界则

仙堂寺的僧众，在唱颂佛教“三宝歌”——在大型活动开始前，他们会先唱颂国歌，然后便是“三宝歌”。

如今有“五阳”的地名沿用，当地人称曾经也叫“武阳”。另根据乾隆旧志卷八中载有清朝诗人陈于廷《古韩书院》诗，其中有“武阳治行张九济，平阳化俗赵尚宽”，平阳与武阳在此相遇。古韩是襄垣的别称，和平阳有别，可见襄垣当初亦称武阳，或许是约定俗成的说法。

有意思的是，即便在襄垣县境，法显故里的说法也稍有出入。一说为宝峰湖（后湾水库）北，宝峰寺附近虒亭镇龚家沟；一说为宝峰湖南不远的龚家庄。

4月11日，我们来到传说中法显出家的宝峰寺，这座始建于三国时期的寺庙是襄垣历史上最早建成的寺院之一。目前发现的资料显示，“麻衣僧”法济曾在这里主持，此人也是道家尊称的“麻衣道人”。距此不远，便是麻衣修真的麻虎洞。进去过的老人说洞内深二三里，1949年之后便封了洞口，至今没人再进去过。

2006年在原址新建后，宝峰寺如今尚余油漆味，我们在墙角找到了一堆能证明该寺经过历代重修的碑刻与瓦当。

离宝峰寺不远，便是龚家沟。按照挑水村民的指引，沿着一条水泥路走到尽头，爬上一个小土坡，我们便看到简陋的“法显故居”：一个窑洞，洞内立着“法显塑像”，周边墙角堆放着杂物。这样的安排，倒能体现法显一生低调不张扬的行事作风——除了《佛国记》所述的法显足迹，法显的其他时光，至今还没有发现文字记载。只不过，龚家村目前已无龚姓人家，只是在附近曾经出现过龚氏墓志。

几天后，在襄垣县城，我见到了县政协的龚维琪，宝峰湖以南上马乡龚家庄人，55岁。他拿着一大堆资料，一见面就用襄垣话抱怨："哎呀！把个事情弄乱了！"他指的就是20世纪 90 年代开始有关法显故里的争议。龚维琪常下乡公干，对民间有关法显的传说比较留意。据龚回忆，在他小的时候，爷爷和老一辈人常提及龚家庄曾出过一个大和尚，因为龚维琪当时尚小，并没有在意。等到后来了解法显的经历，才感觉事情不一般。2006年10月，龚家庄发现了一本清同治十二年修的"龚氏族谱"，上面对龚家庄 100 多年前的地理方位有明确记载，且说明"上世原居司马公生数子无成后将次子送交和尚"。目前，龚家庄所在的司马村是个行政村，含龚家庄在内，有8个自然村，每个自然村均有龚姓人。龚维琪还出示了相关的碑拓、铭文。

家谱的简约风格，让后世学者嘴仗不休。比如"次子"说。由于《法显传》中确定有三兄"髫龀（幼年）而亡"，那么法显就应为"四子"。龚维琪则认为既然数子"髫龀"无成，那么在特殊情况下排列，法显位列"次子"是有可能的。比如二子先逝，余二子，由于尚小而排"长、次"；"长子"又逝，"父恐祸及显。三岁便度为沙弥"。

"平阳武阳"的解读争议，还没有结束，各方也都在期待一些新的事证出现。在襄垣，历来就把法显当作自家人，不只由于他在佛教界开创性的功绩和舍身求法的执著，还由于法显低调、慈悲和爱乡土的情怀。

《法显传》记载，法显三岁便"度为沙弥"，寄住寺院，一回家就得病；十岁丧父，叔父与母"逼使还俗"未果，不久后母丧，"葬事毕仍即还寺"。从小便坚定佛教信仰的法显，

在仙堂山青龙塔下，还可以见到一些外国游客慕名而来。

或许因年龄的关系，此时显得没有人情味。不过，在《佛国记》中，我们看到了法显情感丰富的一面。

除了在襄垣的一些传说，直至法显从长安西行之前，都没有更多的文字记载其行踪。法显人生的第一个阶段，似乎过着一种隐士般的修行生活。

《佛国记》所述的经历，则是法显人生的第二个阶段。学术界在研究《佛国记》时，从古代南亚、东南亚宗教、地理、社会制度、风俗习惯等角度，充分发掘出了法显“不经意”作出的杰出贡献。其中，人们很容易就能看到一个有血有肉的老和尚。“悲”、“泪”，是这个虔诚佛教徒的特质，这两个字，在《佛国记》中屡次出现。如法显、道整、慧景过雪山，慧景不幸去世，法显“抚之悲号”：“本图不果，命也，奈何！”到祇园精舍时，看到佛陀住此 25 年，感念当初11人游历，有半途而废的，有不幸去世的，“怆然心悲”；在耆阇崛山佛陀说《首楞严》处，“慨然悲伤，收泪而言：……法显生不值佛，但见遗迹处所而已”；到师子国，法显“顾影唯已，心常怀悲”。

仙堂寺附近有一宋代塔林，如今只剩下数座灵塔，其中一座上围有一圈不同表情的石雕面孔，十分生动。

尤为动人的是在师子国，“忽于此玉像边，见商人以晋地一白绢扇供养，不觉凄然，泪下满目”。与此对应

仙堂寺僧释究福在娲皇宫内。

的，还有唐代道宣记载的一个细节："……显时遇疾，心希乡饭……"可见，法显完全不是一个不食人间烟火的出家人。这样的乡愁，不由得让人想到法显人生的最后时刻，为何沿长江而上，到江陵（荆州）辛寺，并在那里示寂？人们对此有多种猜测。其一，是江陵地区佛教颇盛；其二，是希望回到长安；其三，从江南回归其出生地和曾经长期修法与弘法的襄垣一带，湖北是必经之地。

事实上，由于长安佛教界僧团关系复杂，与法显一同译经的佛陀跋陀罗僧团便是遭排斥离开长安下江南，而与佛陀跋陀罗一同译经的法显若回到长安，未必会有好的地位；荆楚地区佛教，江陵虽盛，但此地却是兵家必争之地，周围的政局并不稳定；那么，襄垣人就有足够的理由，猜测法显是在人生的最后时刻，希望回到故土。因为，经荆楚地区回到山西，可走一段水路，乃是最便捷的通道。当年从印度返国，选择的就是水路，尽管也历尽劫波，但仍比过沙漠、翻雪山至天竺，在时间上节约了一半。

仙堂山"显踪"

源自襄垣的高僧，还有一位释义忠，据说与窥基法师一道，在大慈恩寺翻经院，追随玄奘译经、撰抄、作疏，精通二经五论，佛学著作颇丰，以《百法论疏》为最重要。《宋高僧传·唐京兆大慈恩寺义忠传》记载，释义忠72岁时，"忽起怀土之心"，回到故里，并在此圆寂。看起来，襄垣出现法显那样的译经大师，并非偶然；高僧大德，晚

在襄垣城东南建封寺长驻的，是从甘南藏族自治州来的慈成加措，32岁。慈诚加措念颂原经时常用藏文，但讲经却可以用流利的普通话。他常以"只有一个佛祖释迦牟尼"回应有关不同教派的疑虑。

俄　罗　斯
哈　萨　克　斯　坦
蒙　古
克什米尔地区
乌兹别克斯坦
吉尔吉斯斯坦
新疆维吾尔自治区
天山山脉
内蒙古自治区
01. 乾归国
02. 鄯善国
03. 焉夷国
04. 于阗国
05. 子合国
06. 竭叉国
07. 葱岭
08. 陀历国
09. 乌苌国
10. 宿呵多国
11. 犍陀卫国
12. 竺刹尸罗国
13. 弗楼沙国
14. 那竭国醯罗城
15. 那竭国城
16. 度小雪山
17. 罗夷国
18. 跋那国
19. 毗荼国
20. 摩头罗国
21. 僧迦施国
22. 罽饶夷城
23. 沙祇大国
24. 拘萨罗国舍卫城
25. 迦维罗卫国
26. 蓝莫国
27. 拘夷那竭城
28. 毗舍离国
29. 摩竭提国巴连弗城
30. 王舍新城
31. 伽耶城
32. 鸡足山
33. 迦尸国
34. 拘睒弥国
35. 达嚫国
36. 瞻波国
37. 摩梨帝国
38. 师子国
阿富汗
巴基斯坦
尼泊尔
印　度
孟加拉
中　国
老挝
泰国
柬埔寨
越南
海南
西沙群岛
南沙群岛
菲律宾
文莱
马来西亚
新加坡
印度尼西亚
苏门答腊岛
爪哇岛
斯里兰卡
印　度　洋
青岛崂山
山东
河南
河北
山西
陕西
西安
四川
贵州
湖北
湖南
江西
安徽
浙江
江苏
福建
广东
广西壮族自治区
台湾
法显的游历路线
法显游历路线中尚需考证部分
法显游历的国或城
法显游历的国或城，尚需考证的地点
中国
青岛崂山
墨西哥
39. 耶婆提国
故址在今印度尼西亚的苏门答腊，
或谓是爪哇。另一说法是墨西哥某地。
注：本图仅为法显游历路线、各国和城的参考示意图。　本版地图设计：苏洁

《佛国记》中法显游历地名及现址概略：

01. 乾归国
都城在金城，今甘肃兰州市西阿干镇。
02. 鄯善国
也谓古楼兰国，国都扜泥城，今新疆巴音郭楞蒙古自治州若羌县。
03. 焉夷国
焉夷国，都城故址为今新疆焉耆回族自治县。
04. 于阗国
于阗国，今新疆和田东南。
05. 子合国
都城故址为今新疆叶城县，喀什地区南部。
06. 竭叉国
都城故址为今新疆喀什地区。
07. 葱岭
葱岭，古代对今帕米尔高原及昆仑山、喀喇昆仑山西部诸山的统称，为古代东方和西方陆路交通的要道。
08. 陀历国
北印度古国名，都城故址为今克什米尔西北的达地斯坦附近。
09. 乌苌国
地处北天竺，都城故址在今巴基斯坦国北部斯瓦特河流域。
10. 宿呵多国
宿呵多国在乌苌国西南，都城故址在今巴基斯坦国。
11. 犍陀卫国
都城故址在今巴基斯坦国西北喀布尔河沿岸一带，是阿育王子法益所治处。
12. 竺刹尸罗国
都城故址在今巴基斯坦国拉瓦尔品第西北。
13. 弗楼沙国
都城故址在今巴基斯坦国白沙瓦。
14. 那竭国醯罗城
都城故址在今阿富汗贾拉拉巴德城的南边。
15. 那竭国城
在今阿富汗贾拉拉巴德城的西边。
16. 度小雪山
位于今阿富汗的苏纳曼山。
17. 罗夷国
都城故址在今巴基斯坦国的勒吉。
18. 跋那国
都城故址在今巴基斯坦国西北印度河西岸的本努。
19. 毗荼国
都城故址在今巴基斯坦中部印度河东的乌杰。
20. 摩头罗国
都城故址为今印度一马图拉。
21. 僧迦施国
都城故址为今印度北方邦的法鲁卡巴德
22. 罽饶夷城
都城故址为今印度北方邦根瑙杰，此城接恒水。
23. 沙祇大国
都城故址为今北方邦瓦腊那西(瓦拉纳西)以北一带。
24. 拘萨罗国舍卫城
都城故址在今印度北方邦拉布蒂河南岸的塞特马赫特地区。
25. 迦维罗卫国（迦毗罗卫国）
都城故址为现尼泊尔国南部提罗拉科特附近。
26. 蓝莫国
都城故址在今尼泊尔南境的达马里附近。
27. 拘夷那竭城
拘夷那竭城（故址今地不详，可能在今尼泊尔南部巴伐沙格脱附近）
28. 毗舍离国
都城故址在今印度比哈尔邦的穆札法尔布地区。
29. 摩竭提国巴连弗城
故都为今印度比哈尔邦的巴特那，国中巴连弗城是阿育王所治城。
30. 王舍新城
故址在今印度比哈尔邦的拉杰吉尔。
31. 伽耶城
故址在今印度比哈尔邦中南部的佛陀迦雅。
32. 鸡足山
在伽耶城城南。
33. 迦尸国
都城故址为今印度北方邦的瓦拉纳西，贝那勒斯。
34. 拘睒弥国
都城故址在今印度北方邦安拉阿巴德西南。
35. 达嚫国
都城故址当在今印度中部默哈讷迪河与戈达瓦里河上游一带。
36. 瞻波国
都城故址在今印度比哈尔邦帕戈尔布尔。
37. 摩梨帝国
都城故址在今印度西孟加拉邦加尔各答西南的达姆拉。
38. 师子国
都城故址在今斯里兰卡国北中央省的阿努拉德普勒。
39. 耶婆提国
故址在今印度尼西亚的苏门答腊，或谓是爪哇。另一说法是墨西哥某地。

仙堂寺释究才在听师兄说些什么。释究才很喜欢以前看过的电视小品，说起赵丽蓉可以开怀畅笑。

年心向故土，似也不足为怪。

襄垣城东的南里信有建封寺，据明弘治年间重修碑碣文字载："县之东南三里许，有寺曰建封，乃唐百法上人超凡入圣之所。"百法上人，即释义忠，"姓尹氏，潞府襄垣人也"。经历代重修，该寺保留了相对完好的古寺建筑格局。如今寺院的西院，筑路单位支起一口大铁锅，有人正在为当地筑路工人做饭，似乎有当年为群僧做斋饭的模样——而僧人和筑路工，毕竟都是"修道"之人。

寺内正殿供佛，配殿左供儒，右供道，为"三教合一"的寺庙，这是我们在襄垣常见到的宗教供奉模式。

目前在此长驻的，是一个从甘南藏族自治州来的喇嘛慈成加措，32岁，来建封寺已有两三年。在刚来襄垣弘法时，曾经历过一番波折，最后襄垣人接纳了这一藏传佛教的僧人——慈诚加措念颂原经时常用藏文，但讲经却可以用流利的普通话，且思维敏捷，与当地人融合得很好。

据说，襄垣正在打造以仙堂山为舞台、以法显为主角的佛教文化基地。这不由让人想起法显所处的时代，当时的佛教界游历之风颇盛，客观上促进了佛教的兴盛。法显就是在这种风气的影响下，由襄垣至长安，西去天竺、师子国求取戒律，一生都在游历之中。这样的游历过程，使人们不难想见，法显早期在上党盆地、在襄垣地界弘法利生，应不会独厚一处。

襄垣有关法显的传说不少，比较

丰富和集中的主要有三处：宝峰寺、凉楼寺及仙堂山仙堂寺。仙堂山又名“九龙山”，在襄垣城东北20余公里处，称“小蓬莱”，最高处海拔1700余米，仙堂古寺就建于半山腰的谷地。山中多洞，有朱砂洞、黑龙洞、滴谷洞、观音洞、娲皇宫等，还有无数不知名的小洞，是一个天然的修行胜处。这座山深不可测，据长期住在山中的李政国介绍，他前两年在山中听到过豹吼；一位出租车司机也说前年曾在附近看到豹子。

仙堂山自古以来便有襄垣八景之一的“仙堂旧隐”之誉，说的就是很早以前仙堂山初有寺庙时，曾有一“名僧高人”在此驻锡，后悄然隐去。据一些研究者推测，这位“名僧高人”，应是东晋高僧法显。

从襄垣县城去仙堂山，要经过一个叫下良的村子，传说此地是张良的故里——这是一个大隐者。山路越来越险，路面正在拓宽，投巨资建设的仙堂山佛教文化景区将在今后三到五年左右的时间建成并完善，仙堂寺处在这个区域的中心地带。

进入仙堂山，不远处就是法显生平展览馆。大院内立着汉白玉雕的法显塑像，拄着禅杖，风尘仆仆；馆内塑着《佛国记》里法显西行取经东归的大致经过；走出纪念馆，还可以细读大理石上镌刻的整卷《佛国记》万字文。

从法显纪念馆登山，不远便可见仙堂古寺。寺中殿内外有五口泉眼，因名“五泉寺”。寺内的释衡周为我们揭开了大殿内释迦牟尼坐像前的井盖，它正好立于香客跪拜的地方，可谓“信徒膝下有甘泉”。这五泉之水终年不竭，旱年亦如此，寺僧平日用水，即是此水。尝了一口殿前一井中的泉水，果然清凉甘洌。

青龙塔为青砖构筑，共有七层，每一层均供一尊佛像，第一层为观音菩萨，第七层为佛祖释迦牟尼。

襄垣为连氏开宗发祥地，开宗先祖为春秋时期齐国大夫连称。古韩镇南丰沟村是上党连族的发源地之一。图为连氏宗祠。

据襄垣文物局李国强介绍，襄垣盆地地形类似一个五行八卦图，罗山则像一只龟，漳河绕罗山形成反“S”形曲线，是为“太极图”。罗山东南方约10公里有鹿台山，又称六台山，与五老峰、百谷山、九尖山一带系远古麒麟文化、炎帝文化、神农文化发祥地，这个区域有两峰对峙，是为“兑”；西北方约15公里的昆仑山，系远古神话西王母虎文化发祥地，当地许多洞穴和一些地名以虎命名，四周有火焰山——紫岩山、赤壁等红色砂岩区域，其上连下断的地理形态，是为“艮”；罗山东北方约20公里为九龙山，即仙堂山，系神龙文化发祥地，山中洞穴多以龙命名，是为“震”；西方22公里有三嵕山，罗山即系该山延伸之脉。三嵕山三峰鼎峙，《淮南子》载：“尧使羿射九乌于三嵕之山，杀九婴于凶水之上，缴大风于青邱之泽。”系远古后羿射日、嫦娥奔月神话传说区域。三嵕山延伸至罗山西南凤凰山一带，该处系远古神凤（风）文化发祥地，是为“巽”。

罗山之巅有兴福寺，是在元开国元勋察罕建的“山巅之寺”地基上重建，现存元代无头无臂巨石像一尊，寺周围有不同时期的古代遗迹。

仙堂寺始建于东晋咸康年间，为后赵石勒、石虎大力推行佛教道化作用的时期而建。石勒（274~333）、石虎（295~349）叔侄二人，分别为后赵明帝和后赵武帝，上党武乡（今山西榆社北）人，羯族。二者对西域高僧佛图澄推崇有加，佛图澄“既在赵推行道化，所经州郡，建立佛寺，凡八百九十三所”，远多于“南朝四百八十寺”。仙堂寺，便是这“八百九十三所”其中之一。

石勒、石虎的崇佛，为佛教在当时我国北方的快速发展，起到了明显的推动作用，人们“竞造寺宇，相率出家”。也正是佛教的大兴，佛寺的广建，直接造成僧侣队伍膨胀，短时期内，便给佛教界带来了“管理”等方面的诸多难题。佛图澄的弟子、比法显稍早的佛学大师道安（312~385）曾感叹：“云有五百戒，不知何以不至？此乃最急。”

对此，法显则深有同感。数十年后的公元399年，“常慨经律舛阙，誓志寻求”的法显，便是在这样的大背景下，与同学慧景、道整等，“发迹长安”，西去天竺，舍命寻求戒律，孤身满载而归。从此，我国佛教因过快发展

位于襄垣县境的周成王庙，为元代建筑，虽已残破，但仍不减当年的气势。县政府将对其进行修复，修旧如旧。

东岳庙，当地人习惯称“凉楼庙”，偶遇八零后开着跑车造访。

带来的乱象逐渐得以抑制。

仙堂寺后的崖壁上，娲皇宫与观音洞之间，有高10米许的法显像，像左侧刻着赵朴初所题“东晋高僧法显法师”。法显左手捻佛珠，右手夹经书于腋下，长须冉冉，目光如炬，精神矍铄。离法显像不远处，我们看到同在崖壁上有一个野蜂洞，洞口只有两三只蜂大小，却见千百只蜂进进出出，忙碌不停。寺僧释究福好像与它们很熟，在洞口与野蜂玩耍。

在仙堂山，还有一座经坛，传说便是法显讲经之处。

如今，仙堂山正在更高处规划一尊更大的法显像；此外，还将建成59米高的全世界最高镀金佛像坐像。这里的工作人员说，佛像面向西南方，可以看见襄垣县城。而沿着这个大致方向，更遥远的地方，或许还能看到天竺，看到迦维逻卫城，那里正是佛陀故里。

这里离长安不算远，根据研究者的推测，法显是从这里，襄垣的仙堂山去了长安。

神秘的罗山

襄垣城西南5公里，有东岳庙。明清以来，官方一直称其为“岱岳庙”或“东岳庙”，但当地百姓却对山门之上的牌匾视而不见，只称其为“凉楼庙”。当地十几个村庄的村民，也一直习惯说自己住在“凉楼”，数百年如此。

这里在东晋始即有寺庙，现在传下来的名字一开始就叫凉楼庙，当地传说法显曾在此弘法，还有人说这庙就是法显所创建。对应凉楼附近的“五阳”及其曾经的“武阳”名，人们很容易与法显“平阳武阳”的籍贯联系在一起；加上周边不远处就是龚家沟、宝峰寺、龚家庄，还有东北20余公里的仙堂山、仙堂寺等疑似与法显有关的地名，可以组合成一个法显早期足迹的立体图景。古文化符号活跃的凉楼，或将成为研究法显早期在襄垣活动的地区之一。

凉楼最早有确切文字记载，则与元朝开国上将察罕有关。他曾在此“盖神宇与山巅之寺并西麓乘凉楼榭”。神宇在今东岳庙；山巅之寺即现在的兴福寺，存元代无头无臂巨石像一尊，身材高大修长，当地人重新接了佛首和双臂，成了“混搭型”佛像。附近民众常来此供奉，以求子居多——当地人认为石像曾经应为送子娘娘像；乘凉楼榭早已不存。后二者均在东岳庙西侧的罗山之上。这三处建筑便组成了古襄垣八景之一的“凉楼胜观”。

我很奇怪一个景区为什么叫“胜观”而不叫“胜境”之类，到了凉楼才知道，这里的风景的确不在凉楼本身，而在于“观”：观天地之间。

2010年4月12日晨，气温骤降。在东岳庙，我们与长期住在这里研究河罗文化的县文物局李国强不期而遇。“凉楼胜观”始建于何时？李国强认为，1213年元右路军占领襄垣之后至1255年察罕病逝期间是修建凉楼胜观的时间段，但具体时间待考。修建凉楼的原因，应该不只是为了“乘凉”，而可能与掌握和运用河罗文化“密码”密切相关。

凉楼附近至今流传着一些神秘传说：殷纣王的皇叔箕子、周文王姬昌、唐太宗李世民、宋太祖赵匡胤、元太祖铁木真、明太祖朱元璋等几位开明统治者，都曾经来罗山阅览皇榜，欲得治国平天下的方略。麻衣僧与黄庭坚也曾在罗山观象，其后都出现神秘的太极图。李国强推测，察罕 1251~1255 年在凉楼、罗山“观胜”后，奉召北上，才有了1271年元世祖忽必烈在建都大都（今北京）时发布的诏令：“……建国号曰‘大元’，盖取《易经》‘大哉乾元’意……”

夕阳下永惠桥上的灿烂笑脸。该桥又称北关桥，始建于金天会九年（1131年），经历过无数次维修，如今却依然健壮。桥头立着襄垣古城最后的“片断”——立于永惠桥头的一垛数立方米的城墙。

罗山，又名南罗山，位于太行山腹地，古上党襄垣盆地中心地带。根据李国强的测算，这里是最有可能生成中国河罗文化区域范围的中心之一，比别的可能地区测得的数据更科学。在罗山，李国强按照中国人文始祖发明的立杆测影的方法，经过多年的实地测量，印证河罗文化即源于立杆测影，是中国人文始祖独创的科学，并非想象中的那么神秘。此外，李近十多年来从凉楼观日出，发现我国重要节气，太阳均按时从罗山以东的几座山顶对应升起：如鹿台山对应冬至；五老峰对应立春；百谷山对应春分；高皇垴对应立夏；北马鞍山对应夏至。罗山俨然一个天然的节气图表。

罗山脚下南峰村连树文创办的“民办博物馆”，收藏了不少从凉楼区域收集到的文物。这个区域有一个新石器遗址群，该遗址范围以凉楼为中心，东西长约 1000 米，北起漳河，南至南峰村，约500米，文化层厚度2米，覆盖1米，遗址出土了陶、鬲、瓶、碗、瓮、石斧、石纺轮、骨针、骨卜等文物，属新石器时期仰韶文化和龙山文化遗址。李国强认为，以罗山的地理优势，加之早期的人类活动，以山西省襄垣县罗山区域为中心，东西长约50公里，南北宽约40公里的区域范围，具备了生成中国河罗文化的基本元素，山西襄垣盆地（古上党奥区）或为中国河罗文化发源地。

罗山下，一群戴着鲜艳头巾的妇女在冷风中忙碌，她们在为凉楼植树——在乾隆版的襄垣县志上，襄垣八景图之“凉楼胜观”曾经山环水绕。襄垣人想让它重新焕发当时的容貌，使得在这里不仅可以“观天地”，还能“观自己”。

两天后的一个下午，临近傍晚时分，襄垣上空云开雾散，我们见到了一轮巨大的落日。在十分钟之内，当我们驱车从城东到城西“追日”，准备上到高架桥上拍摄时，这轮巨日正好完全沉了下去。

极为简陋的乐器，经过襄垣鼓书盲人乐师们的调试，竟然演绎出了十分专业、音质圆润的合奏。这一文艺形式颇受当地居民的欢迎。

襄垣城的回归

在凉楼地区，从罗山东北方向观望，能看到在大力建设中的襄垣新城——这座拥有古老历史的县城正在向东、南、西三个方向重新规划建设。

如果在 1945 年，应该还可以从这里看到襄垣老城墙，当地老人说城墙“十分雄伟”。

明代《潞州志》载：襄垣，本春秋晋地，战国属韩，以城赵襄子所筑，故名襄垣。这里秦汉时期便开始置襄垣县，属上党郡。襄垣古城，城址因战争或者洪水多次位移，但基本分两个阶段，即甘水之北阶段与甘水之南阶段。现代古城，城址基本为金代以来沿用，即向甘水之南位移后的县城，直到 1945 年襄垣解放。1946 年，襄垣古城墙遭拆除。

据县文物局数据显示：拆除前的县城有四座城门，每座城门上城楼两层，飞檐斗栱，高两丈许。南城楼第二层檐下的黑漆大匾上，“上党雄城”四个大字，每字二尺见方。城楼的四角，各有一座哨亭，哨亭和城楼中间还夹有一哨亭，皆高丈许，呈六角形。

当年的古县城用砖石砌成，布局严谨，设施齐全，雄踞上党之首。城墙高三丈，周长六里三十步，城墙上每隔一步，就有一个箭垛，高约三尺，宽五尺有余。古城曾经有东南西北四关，城墙里称关内，出城墙便是关外。如今，我们只能在襄垣城北关的金代永惠桥头想象当时的“上党雄城”了。永惠桥、五龙庙、关岳庙、文庙、城隍庙等一批城内老建筑，统一都标注着“襄垣县革命委员会、一九八一年三月二十日公布、襄垣县文博馆立”的字样，意味着直到那时起，旧城遗迹才引起文物部门的重视。

在襄垣县城北门与北廓门遗迹之间的甘水河岸，我们看到了襄垣古城的最后“片断”——立于永惠桥头的一垛数立方米的城墙，与桥下干涸的甘水河相对无言；只有永惠桥发挥着亘古不变的功能。该桥又称北关桥，始建于金天会九年（1131年），从不同风格的修补处，可以感受到它尽管经历过数代维修，如今却依然健壮。

从永惠桥往南不远处的老城区街巷内，我们来到了襄垣县曲艺宣传队。这个曲艺队表演的襄垣鼓书最初产生于明末清初，是盲人为生存而创造的一种乡土文艺形式，现在已经被列入山西省首批非物质文化遗产保护名录。襄垣曲艺队队长李杞介绍，他们的曲艺队成立于抗战时期的1938年，长期走村串户演出，维持曲艺队员的生存。倒春寒的冷风中，曲艺队的盲人队员，用了冗长的时间，摸索着将演奏乐器摆放、调试好。那些都是极其简单的乐器，书鼓、书板，大锣、大钗、镗锣、梆子、二胡、板胡等，其中一些乐器还是自制的，比如“老胡胡”。惟一现代化的乐器，是最年轻的小余弹奏的电子琴。这些不起眼的乐器，经盲人乐师们的调试，竟然演绎出了十分专业、音质圆润的合奏。曲艺队先来了一段明快的上党梆，再经一小段和缓的前奏曲，然后为我们表演了“打面缸”片段，其中有精彩诙谐的对唱，甚至加入了“米西米西”等搞笑元素，让闻声而至的民众开怀大笑。

盲人乐师们的眼睛里，没有光泽，光泽都在陶醉着的观众眼里，在旧城区的每一个角落。只是李杞和他的队友们

襄垣城内的文庙，现在为县二中的校园，课余时间，二中的学生在大成殿门前跳绳，孔子安坐殿内。

担忧，过于简陋的条件和微薄的收入，让他们的技艺濒临失传。

一座古老的县城，能保存下来的古老传统越多，必定会越有光泽。

永惠桥与其他几座新桥，连接着甘水河南北两岸的襄垣北城区，如今这里暂时没有拆建的迹象，其他东、南、西三个方向，均在进行规划或者已经规划完毕。最大的动迁，发生在目前的东湖区域。这里曾经是北漳河的流经地，也曾经是一大片垃圾滋生的地方，居民不胜其臭。如今，治理后的漳河从东侧改道，留出了一片 2400 亩左右的人工湖。湖区外的漳河新河道形成风光带，而湖区则将建成襄垣的炎帝农耕文化产业园。我们从东湖的东侧观城市日落，从在建的高楼顶上看到了正在劳作的建筑工人在夕阳中的剪影——如果忽略高楼和吊车，那些劳作的身影或许与数千年前并没有不同。东湖北岸，是整洁的湖景房，楼内居民便是从以前的东湖区域内迁来的住户。

活水是天然的除臭剂。襄垣居上党盆地中心地带，水资源丰富。漳河的治理及东湖的规划，使县城多出了大片水面，让人感觉这座县城透了一大口气。

南城和西城，也在关外改造新城区。这里在建的体育馆、五星级酒店及游泳馆，被当地人笑称“襄垣的奥体中心”。由于正处在建设中，新建城区人口密度小，如今的居民仍集中于北部城区，导致这里需要开辟三条单行车道。随着新城区的建成，居民人口将随之迁移，未来的新城重心，也会慢慢扩展。

到那时，襄垣城将在地域上与凉楼河罗文化区域更为接近，也与其他古文化元素越来越亲近。这应不会只是地理方位的靠近，更应是历史及文化的回归。

撰文/盛立刚

摄影/王　牧　特约记者/江　月

从县城东湖的东侧观城市日落，从在建的高楼顶上看到了正在劳作的建筑工人，那些夕阳中劳作的身影或许与数千年前并没有不同。

朔州：远去的边城

当汽车向北，穿越超过五公里长的雁门关隧道后，就进入内外长城之间的朔州。这里曾经是一片征战之地，中华农耕文明与游牧文明激烈碰撞之地，民族大融合的阵痛，致使这片广袤土地曾充满了血雨腥风。但今日呈现在眼前的，已不是容易让人起苍凉心境的边塞风光，而是平坦的田野、安谧的村庄以及村庄尽头的现代化城市。

夜幕降临后，地灯路灯齐放光芒，朔州市内两千多年的土质古城墙在现代的霓虹照映下显得朦胧暧昧，仿佛烽火历史只是一墙之隔。

旧广武村内老房子里的一家人，他们友善地从玻璃窗口向外望着我们这些不速之客，而我们却被木格子里艳丽的窗花吸引。

在以往许多不同的历史时期，朔州所指并非仅此一地。从西晋灭亡到隋以前的270余年里，随着北方少数民族政权的建立和更替。设置过朔州的地方共有15处。涉及今内蒙古、山西、陕西、甘肃、宁夏、河南、安徽、河北八省区。朔，北方之意。它在一个时期的频繁漂移中，刻写下了多民族融合、华夏一统历史进程中的一个个鲜明符号。作为地方名称，其地理意义与历史意义如此密切联系和结合，朔州，可以说是一个贮蓄了丰富信息的活化石。而今日朔州，在经过浓重的历史云烟后，顽强地扎根于古马邑之地，成为了一座新兴能源工业和生态畜牧业城市。

老城里的老城

在朔州市朔城区南，残留着距今2000多年的古城“马邑”的土城墙。

传说，当年在此反复筑城，反复崩坍，后来一匹马周旋驰走，于是人们追随马迹，再筑城，始立，因此叫马邑城，这无疑给一座城增添了浪漫神秘感。而史载称，秦代的蒙恬奉秦始皇命，来此筑城养马，专供战争之用，所以称马邑。能养马表明此处原是一片水草

广武内长城，未经任何人工修饰。走在这样裸的野长城上，脚底下更有一种历史沧桑感。

丰美之地。

这是一个为军事而建的城：既可应援大同，又能拒防全晋，是历代兵家必争之地。元光二年（公元前133）六月，汉武帝采用马邑商人聂壹诱灭匈奴的“马邑之谋”，即发生在此。虽然此谋被匈奴识破，未获成功，但自汉初以来屈辱的和亲政策即告毁弃，从此揭开了汉武帝对匈奴大规模反击作战的序幕。

传说，当年在此反复筑城反复崩坍，后来一匹马周旋驰走，于是人们追随马迹，再筑城，始立，因此叫马邑城。这也就是最早的朔州城。

古城旧基，史载九里十三步。现在从残存的城墙遗址测量，南北长约1800

现在的朔州市位于山西省北部，大同盆地西南缘，三面环山，桑干河蜿蜒其间。南邻忻州，北接大同，西北与内蒙古接壤。1989年建市，现辖两区四县（朔城区、平鲁区、山阴县、怀仁县、应县、右玉县），总面积1.07万平方公里，总人口152.65万。1993年版《朔州志》载，朔州历史悠久，沿革多变。据峙峪人文化遗址考，28000多年前已有人类在此栖息繁衍。这些早期的人也被称为猎马人。赵武灵王二十年（公元前306）地属雁门郡。秦始皇三十二年（公元前215），派大将蒙恬筑城养马，得名“马邑”，置马邑县。汉因之。晋永嘉五年（311）入代。北魏为畿内地。朔州之名始于北魏，但其地在今朔州市治西北380余里的和林格尔一带，葛荣起义州废。北齐天保六年（555）复置朔州，徙治于新城（今朔州市治西南47里的沙河一带）。北齐天保八年（557），徙治马邑城（今朔州市治）。后又频繁改置，民国元年（1912）改朔州为朔县。1989年3月新置朔州市。2000多年过去，朔州这片土地依然留下了许多历史的浓墨重彩。

朔城区神头镇马邑村，如今还保留着一个马邑城。《马邑县志》载，此城为唐开元五年（717）所治，隶属原朔州。现如今，四周城墙仍然保存基本完整。

《朔州志·城池》记述，砖券四门，城高三丈六尺，堞高六尺，共四丈二尺，顶阔四丈，脚阔八丈，周围一千二百丈，堞口三千一百三十五。池深三丈五尺，阔一十二丈，周围一千六百八十丈。瓮城四座，敌楼一十二座，门楼四座，角楼四座，铺楼二十四座，烟墩四座。四门，东曰"文德"，西曰"武定"，南曰"承恩"，北曰"镇塞"，外连吊桥，各树危楼。从这些文字中可看出，缩小了的朔州古城依然雄伟健壮。

米，东西长1600米，墙体为黄胶泥土，外边没有包砖，十分宽厚。历经风雨和人工剥蚀，城墙表面凹凸不平，夯土层鲜明，黄土异常紧密坚实地聚集在一起，固若金汤，能看出当年筑城者的认真细致和虔诚。所以，在城墙废弃后的2000多年后，尤其是20世纪60年代，仍能沿着城墙掏挖不少窑洞，这些窑洞依仗城墙的坚固，不饰任何砖石。这些窑洞是一次明显的历史转型：城墙失去了防御功能，做了百姓的庇护所。但在如今现代化的城市建设中，这些城墙住户的最终出路却成为令政府头疼的一大问题。

沿着古北路向西走，从楼房缝隙，可看到未拆除掉的马邑北城墙。我们从一家饭店的房顶上到城墙，看到犬牙交错、支离破碎的城墙夹在房屋与房屋之间，显得局促不安，它们明显地阻碍着这个城市的规划，但历史痕迹又是那么弥足珍贵，保留的意义远远大于一时的经济利益。即便从今天起，将残留的马

农历二月二，马邑村有一户嫁女，女子嫁到不远的马跳庄。这里的风俗，新郎要在新娘到来前将院中煤炭垒的旺火烧得旺旺的，寓意今后的日子兴旺发达。

邑古城墙四周的建筑退后，让2000多年的历史以黄土的形象保留下来，继续作为一片城区的朴素花边，也未尝不是一种城市发展思路。

在马邑古城的西北角，一小截土城墙被砖认真地保护起来。据朔州市文化馆副馆长李柱介绍，这是一个私人老板出于热爱历史文物而建的。西城墙全部消失了，惟西南角残留，紧挨着的建筑工地上机器正在轰鸣。

南城墙透过房屋可见些许身影。

婆婆贴到新娘耳根说悄悄话。

南城门基本完好，但这一段，已不是完全意义上的秦马邑古城墙。元至正末，因兵少城阔，省去西北，筑东南一隅，以便备守。到明洪武三年，城修完，朔

朔州现存长城有内外两条。其中外长城从平鲁区北墩村算起，经右玉，到左云、大同；内长城由偏关县老营丫角墩入朔州，经过利民堡、歇头场、南西沟、石湖岭、阳方口、新旧广武城，沿山阴县南部经应县境内到达东部灵丘县平型关。年代最早的长城残垣是战国的，还有部分汉代长城，大部分为明代长城。明政府因重视北方防务，对朔州境内的长城进行了较大规模的增筑和改扩建。广武内长城位于山阴县境内，明代洪武七年修筑。全长5.3公里，沿山脊缓行，随山势曲折起伏，宛如一条首尾不见的巨龙。城墙高6~8米，底部宽3~5米，顶宽3米，全部为砖石包筑。有敌楼16座，其中5座保存完整。并筑有易攻利守的腰门等建筑，是山西省境内明代长城的代表作，为国内长城之珍品。

左图：马邑村60岁的白玉宝家还住在清朝的老房子里，院内由花石子墁地。右图：新广武村就在长城脚下。竖立的烽火台传递着一丝遥远的金戈铁马气息。

州城缩小至马邑古城的约一半大。今天看到的南城门，便是明洪武年间修建，城门高大，进深约20米，石刻题额依稀可辨。所砌的砖厚薄不一，甚至夹有石碑，显然一部分是利用旧城材料所建，但坚实度不容置疑。城门前立着山西省文物保护单位的石碑，石碑上有焚香的痕迹和供品。民间传说南城门上原住有家狐狸精，当地百姓敬畏有加，但城毁后，狐狸精或已远走他乡。

元末明初，这个缩小了的城套在原马邑古城之内，成为形式上的城内城。城内原有大片的明清古民居，因年久失修，破烂不堪，已拆除或待拆除。新的城市规划在紧锣密鼓地进行着。我们问了几个住在老房子里的人，他们都向往明亮高大的现代楼房，老时光中的精雕细刻已挡不住岁月的倾圮和坍塌，从他们的脸上似乎看不出什么不舍，不舍的情结大概只深藏于那些多愁善感的文人心里。维修与保护古建在历史发展的进程中，遭遇尴尬无奈是无法回避的事实。

东城墙保存下来的最多，明朝的包砖已不在，露出原马邑城的土质内芯。城墙外是现代化城市广场建设，铜质雕塑有威武的蒙恬大将军、代表马邑城历史渊源的骏马、古城出土的著名汉代文物雁鱼灯等。夜幕降临后，地灯路灯齐放光芒，土质的古城墙在现代的霓虹灯照映下显得朦胧暧昧，仿佛烽火历史真的只有一墙之隔。

唐城围起的村庄

朔州市朔城区神头镇马邑村，如今还保留着一个马邑城。《马邑县志》载，此城为唐开元五年（717）所置，隶属原朔州，辖今朔城区的东部9个乡镇，山阴县3个乡镇的22个自然村，及代县、宁武县、神池县的部分村庄。历唐辽金元明清，到民国22年（1933年）并入朔州县。其行政职能先后实为1200多年。一个县的行政级别消失了，但留下了不同代的好几本县志。康熙马邑县志卷一载："本县界在云朔肘腋，燕都风声渐被，彬彬兴于礼教矣。但民性浑朴，惟事耕耘，饮食衣服，多尚简易。至于慷慨轻生，刚毅任侠，信鬼好祈，

左图：在广武汉墓群的南面新建了大广场。广场的东西各塑着十尊汉朝的各界名人像。

右图：广武汉墓群的298座墓都有标号，其中的247号墓冢上有烽火台，是明朝时建，已风化掉一半。

犹不免西晋之故俗云。”把马邑人形容得既憨厚又潇洒。

我们于2010年3月17日上午，由李柱带领，去看了唐马邑残存的城池。四周城墙基本相连，只是包砖不存，一色的黄土墙，能明显看到夯土层和一些四棱锥印——锥印据说是筑城时检测夯土质量的。北城墙和西城墙下不远处，有几十个砖窑遗址，李柱介绍，这是当年筑城用砖而临时起的窑，城立窑废。此地临河，取土取水都极为方便，边烧砖边筑城，经济实用。明代以前的城不包砖，而大量的砖窑遗址和部分老百姓家用旧城砖建的房屋围墙证明，此城明显是包过砖的，《马邑县志》载，明隆庆六年开工修建加固马邑城，万历元年落成，总计用砖3564000块。

1000多年过去了，这个由城墙围起来的马邑村仍然不紧不慢延续着日常生活。村庄约有200来户人家，有一个小学校。3月17日这一天是农历的二月二，有一户嫁女，有一户出殡。女子嫁到不远的马跳庄，古传尉迟恭龙池降马，骑至此庄，马复跳跃，故名。令人惊讶的是，新娘是自己送上门的，新郎要做的只在家等候。这一婚嫁风俗，不知缘于何时。

在一户人家的围墙上，我们发现两块城砖上留有烧造时的字迹：马邑所官砖。这表明马邑村是一个屯兵之处。明代驻兵的地点，大的叫千户所，小的叫百户所。村边的元子河（向前流两里左右就是著名的桑干河）对岸不远，还有一个叫寰州的古城遗址，为唐时建，只残留了西南角城城墙残垣。辽统和四年（986），杨继业收复寰、朔、云、应四州，寰即此。

新旧广武城

两个广武城都在雁门关外，朔州市山阴县境内。曾经的兵营，现在都做了村庄。

旧广武城建于辽金时期，明代包砖。城高约10米，宽2米，南北长500米，东西宽450米。外面的城砖差不多都在，但里圈都已露出土质。有东南西三个城门，北城墙封闭。据说不开北门是拒北方之敌的意思。

广武内长城位于山阴县境内，明代洪武七年修筑。全长5.3公里，沿山脊缓行，随山势曲折起伏。

我们的车刚停在西门口，就见两位老汉赶着一大群绵羊回来，羊群依序进入城门。羊只身上有不同标记，原来是许多家的羊混合编队，老汉们专替别人放羊，一只羊一年80元的放养费，放羊人轮流在主家派饭吃。

羊群的归来，带来了一丝遥远的边塞味道。

西城门南侧，有阶梯通到城墙上。向北走十几米，碰到一棵长在城墙上的榆树。这榆树已经很粗壮，不知有几百年的历史，估计根早已穿透城墙扎到地下去了。城墙因剥蚀程度有异，时宽时窄，宽处约两米，窄处也就半米。审视了一下似乎相距不远的几个城门，我们从西城门出发向北走，走过北城墙，再

新广武城南门外一堵废弃的墙。

拐上东城墙，在距东城门十来米处，墙体变窄。除人行踏出的一条窄道外，城墙上两边长满了野草。二月二，龙刚刚抬头，朔方的天气仍然寒凉，没寻见萌发的小草。倒是城墙内的几条狗一直朝着我们狂吠，很有要冲上来与我们决战的意思。

旧广武城内安居着旧广武村。接近方形的城墙内，如今守护着普通的村庄老百姓。南城墙下，有旧广武小学。原是寺院旧址。院内一对上千年的雌雄柏树，枝繁叶茂。学生们正在教室上课，一位年轻漂亮的女老师帮我们开了校园门。

新广武城就在旧广武城的东面。比旧广武城大些，人口有1800多。这儿流传着这样一句话："新广武不新，旧广武不旧。"转到新广武，才明白了这句话所指。新广武的城墙不是方形的，中间有隔，加上城墙破损比较严重，不连贯，看上去有点乱，让人一时不明就里。其实新广武的城池造型奇特，城防坚固，全国绝无仅有。它建于明洪武年间，万历三年增修。城墙高10米，底部宽4米，通体包砖。由山瓮城、新广武城、南瓮城三道防线组成。新广武城形似簸箕，南瓮城形如斗状，俗称"金斗银簸箕"。

村中央有一个长长的门洞，上面有楼。一通巨大的石碑倾覆在一侧，碑文已被小孩子们的屁股磨光了，龟座也仰在一边。我们正在紧闭着的楼门口徘

旧广武的西门。依然是人们进出旧广武的必经通道之一。现在还保留着木制城门。

“月亮门”其实是一个敌楼的残件，一个北窗洞。它的残反倒成就一处风景，许多人爬这段长城，都要在此拍不少照片。

徊，过来一位精干的老妇，在得知我们是来参观古城的后，主动回家取门钥匙。她家就在城楼边，因为近便，顺手做了城门保管。她叫李荣英，68岁。她陪我们上到楼顶后，就指点金斗、银簸箕。南关、小北关的门都还在，但规模没有旧广武的大。城东关紧邻长城，很容易错把长城当作新广武的城墙。

李荣英说，民国期间，新广武一村三县，西边属朔县，北边属山阴县，南边属代县，以街巷来分割。但在城门下遇到一位叫郭三臭的78岁老头，他却说新广武原属代县，后属朔县。不过，城内住过当年逃难到西安路经山阴的慈禧太后和光绪帝是不争的事实。当年慈禧太后和光绪帝住城内义和栈，店就此更名为“来圣店”。

王维当年途经广武城时，曾作诗一首：“广武城边逢暮春，夕阳归客泪沾巾。落花寂寂啼山乌，杨柳青青渡水人。”那时金戈铁马、刀光剑影的边塞如今已经不在，现在这里是著名的旅游景点，老外们尤喜欢来此爬长城、逛古城。

裸长城和汉墓群

从太原来朔州的高速路上，一穿过雁门关，向东望，就能在山脊上看到白草口的一段长城。3月18日那天，我们从新广武城的南面山上开始爬长城。这是一段原汁原味的明长城，虽然有破损之处，但给人的感觉空前。

天气晴朗，太阳明晃晃的，向山上走不久，已浑身冒汗，但到迎风处，身上很快又凉得不行。我们坚持一口气先爬到“月亮门”处。“月亮门”其实是一个敌楼的残件，一个北窗洞。它的残反倒成就一处风景，许多人爬这段长城，都要在此拍不少照片。向山下望，城墙齐整的旧广武城就在左前方，新广武城在右前方。

原以为古人建长城，更多的是对敌的一种礼仪性防御措施，真正的威慑和阻挡力很弱。但真的走在这段原始的内长城上，便改变了原来的成见。许多朝代花费巨大的人力财力建造长城，确实有很大的实用功能。高耸险峻，结实坚固，借山势加人工，一道巨墙不愧代表着中华民族的某种文化符号。

我们踩着城墙向前走，途中有保存较好的敌楼。第一个敌楼石门额上阴刻字：鏚扃，万历丙午中秋之吉，巡抚都御史李景元、兵备副使李茂春、左参将陈天爵、管粮通判蒲嘉轮立。上方有一些家居风格的砖雕图案。敌楼内根据四方的窗门洞口隔开两纵一横通道，也是守兵们平时的休息睡觉之处。山风紧，过堂风更甚，能想到当年将士们的艰苦生活。

这段长城建在恒山余脉，沿着山脊延伸，高低起伏，蜿蜒曲折，非常险峻。走在上面，能真实地体会到长城这世界建筑奇迹的魅力。但时代演变，长城早已失去了原有功能，成为一方风景名胜。

广武汉墓群位于新旧广武城之北，为全国重点文物保护单位。整个墓群南依群山，北连朔州平川，大小不一的封土堆星罗棋布。其规模之大、数量之多为全国罕见，是研究汉代政治、军事、经济和文化的重要依据。

在广武汉墓群的南面新建了大广场。中央站着威武的汉武帝，大将卫青、霍去病分侍两侧。广场的东西面各塑着十尊汉朝的各界名人。向北穿过广场，通过一个铁栅门，就进入汉墓群。时值早春，衰草还未复苏，举眼望去，一片苍黄。两千年过去，在南北长3.5公里、东西宽1.5公里的地段内，依然留存有大大小小的土冢298座，最大的一座封土约有20米高。

踏着倒伏的荒草，先径直上到眼前一座高大的土冢顶，未料到惊飞一只羽翼漂亮的野鸡。环望整个墓群，广阔肃穆，每座墓都很高大，间距约三四十米。远望墓群的东北角，发现一座烽火台建在一座土冢上。于是，向着那个方向走。或许是故人太遥远，历史已模糊不清，这片墓地的阴气已散。那座建在汉墓上的烽火台是明朝时建，已风化掉一半，土质变得坚硬，上面布满一

崇福寺释洪玖住持和其徒弟。

位于朔州老城内的崇福寺弥陀殿内的金代彩塑金刚，运用了三角形支撑点，其中的一点是以木雕的衣带做支撑。

朔州历史悠久，文化底蕴厚重。广为传唱的《敕勒歌》就诞生于此：敕勒川，阴山下，天似穹庐，笼盖四野。天苍苍，野茫茫，风吹草低见牛羊。这首朴素的民歌便是北齐名将斛律金对自己家乡的由衷赞美。此外，西汉的女文学家班婕妤（即班固的祖姑），三国大将张辽，隋末农民起义领袖、后称帝的刘武周，唐代开国元勋尉迟恭，玄奘惟一传人、法相宗二代祖师窥基法师，明朝宰相王家屏等，均为朔州人氏。独特的边塞文化余力深远。

广武汉墓群北面就是汉代的阴馆城遗址，在里仁村西面的一片庄稼地里，残留有一小截南城墙。遗址里，遍布汉代碎陶片和汉代碎砖瓦。李柱手中的汉瓦残片就是在此捡到的，上有鲜明的云纹（文中配图瓦当和滴水均为李柱个人多年来在朔州老城内收集）。

个个小洞，是鸟儿的家。每座墓都有标号，这座是247号。它南面的那座异常高大，可能就是墓群里最高大的一座。现在看上去，每座墓都像馒头形，其实最早许多是覆斗形，若细看，有的还能看出梯形的面。这片广阔的墓群在未得到保护前，种过庄稼，一道道田埂犹存。每座墓都曾被盗过，国家也抢救性挖掘出土过部分文物，其中有一些汉代生活用具，也有一些兵器。有人就此推测，这片汉墓群是守边将士的墓。也有人持否定意见，认为汉墓群是阴馆城人的墓地。

汉墓群北面就是汉代的阴馆城遗址，在里仁村西面的一片庄稼地里，残留有一小截南城墙。遗址里，遍布汉代碎陶片和汉代碎砖瓦。李柱就曾在此捡到过两次汉瓦残片，上有鲜明的云纹。在正午明亮的太阳光下，我们几个埋头匆匆搜寻了一下，没运气捡到好看的带纹路的汉瓦头，倒是捡了一些其他碎陶片，上有绳纹、堆纹、戳纹等，还有一些器物的边沿口颈。我在田埂上翻到一块沉重的旧砖，除了表面坑坑洼洼，大体完好，李柱很肯定地说，是汉砖。他说阴馆城汉代过后就废弃了，没有在原地再建新城。后来这里成了村庄的田地。现在里仁村人还沿袭旧时习惯，以故城零件的名称称呼这些田地，如南城门、西城门。远望去，西城门附近还有一个烽火台残体。

撰文/丹　菲　摄影/王　牧

蒙山大隐

隐形600年的蒙山大佛，至今对很多外来者而言，仍披着一层神秘的面纱。

沧桑的身体，端宁的面容，他坐在盛夏的山崖上，凝视着来来往往的芸芸众生。历史真实也好，现实幻象也罢，当地人的生活就这样因蒙山大佛的发现而改变。

夜幕笼罩下的蒙山大佛，安静、神秘。

王剑霓现在看书完全依靠放大镜。

始于北齐，盛于隋唐，毁于元末，重现于今。或显或隐，大佛其实从来都不曾停止过忙碌，既要照顾到帝王们国运昌盛的宏大诉求，也要照顾到百姓们出入平安的生活祈愿。蒙山大佛在建成的1400多年间，弘显于世800年，此后600年就地隐形，不知所踪。直到1980年一次全国地名普查和一个叫王剑霓的人出现。

只是，蒙山大佛的头像和身体之间居然相隔了 1459 年。

王剑霓与西山大佛

太原市小店区聚华路西一排2号。我们在雨中寻找这个地址，最后没找着，还是给王剑霓老先生打了电话，他说你们等着，我去接你们。不久，一位长白眉毛的老人拄杖颤巍巍地出现在巷口，那正是85岁高龄的王剑霓。

老人家里书房兼卧室，白天不开灯，在到处都是书的屋子里几乎不可视物。王剑霓视力不好，看书要靠放大镜。即使是记者递上的名片，他也要在放大镜下用力念一遍，电子邮箱也不放过。

家里的收音机音量很大，正在播放一个关于胃病的医疗节目，声音盖过了窗外的雨声。

1980年10月，55岁的王剑霓参加全国地名普查。在太原市地名普查中，“大肚岩”这一地名引起了王剑霓的注意。通过在当地百姓中走访，他了解到附近地名还有寺底村、开化村、开化峪等，难道这就是小时候常听祖父提起的

“晋阳西山大佛”？

王剑霓的祖父王建屏（1870~1950）是同盟会早期会员，追随孙中山先生致力辛亥革命，曾任山西佛教协会会长、太原国民师范国文教师兼《晋阳日报》主笔，徐向前、薄一波都是他的学生。之后王建屏看破红尘，削发为僧，法号力宏。太原沦陷后，力宏大师回到原籍忻州车道坡村照顾俗家亲人。

幼年丧父的王剑霓跟随祖父长大，并在其指导下读书，他常听祖父讲解佛教故事。解放之初，王剑霓被分配至太原市南郊区文化馆，自此多年潜心文史考证。

晋阳西山即太原西山，这里的天龙山天龙寺、龙山童子寺、蒙山开化寺三处都有大佛，究竟何处是“西山大佛”？《北齐书》没有载明，史学家对此说法不一。但《北齐书》载：“凿晋阳西山为大佛像，一夜燃油万盆，光照宫内。”“宫”即指历史上著名的晋阳宫，遗址在晋源镇古城营村九龙庙一带，那么哪尊大佛处的万盆燃油，可以把光照到古城营村？

天龙山大佛在古城营村西南30余里，中间有龙山阻隔，光自然照不到古城营村；龙山童子寺大佛，碑刻方志均载称大佛凿于北齐天保七年（556）。如此看来，只有蒙山开化寺大佛了。可惜蒙山开化寺在“文化大革命”中已毁，现发现残存断碑中有五代刘知远《重修蒙山开化寺庄严阁记》碑，碑载曰：“像在寺后一里”。只是后寺已不存在，当地称之为“大肚岩”。

于是，王剑霓在当地村民陪同下，开始在附近山中寻找高大石崖——要凿200尺高的坐像，必须有至少同样高度的山岩。当他们来到“大肚岩”前，王剑霓眼前一亮，山崖中央，出现一个巨大的佛胸。近观岩如大肚，遥望胸臂分明，无头，原是一座山岩凿成。爬上大像肩头远眺，山豁间可见20里外古城营村，晋阳宫遗址就在眼前，确可实现“燃油万盆，光照宫内”。

此外，王剑霓还有一个理由：佛像高200尺，依山凿像，除非动用国家力量，否则很难完成这样的工程。而蒙山大佛正是在人称“无愁天子”的高纬手中凿成。高纬（556~577年），为南北朝时期北齐第五位皇帝，以荒唐无道的生活著称。

经过多次对天龙山、龙山和蒙山实地考证，王剑霓最终认定蒙山“大肚岩”就是史书所载晋阳西山大佛。1983年，王剑霓撰写了《晋阳西山大佛遗迹找到了》一文，发表于《地名知识》第二期，此后文化部派专家实地勘察，认为有重要历史价值，解决了我国文史考证600年来一大历史谜题。

有趣的是，发现了蒙山大佛的王剑霓，本人却并不信佛。王剑霓虽然去年还常去蒙山景区转转，不过他认为大佛发现了，佛头修复了，作为文史工作者，其任务也完成了。

贾二柱、梁三娃、梁万生、王剑霓、郭四海（从左至右）。20年前，他们在无头大佛前合影，20年后，他们又聚在大佛脚下。拍照前每个人都换了着装，看得出他们很激动。

从老人家里出来，凝视而见门头上的四个大字：朝阳鸣凤。王剑霓说是张学良当初送给祖父的字，他让孙子镌刻在门头。

抱佛脚的村落

寺底村是一个古老村落，有着1000多年历史，因“上有开化寺，村居山谷底”而得名。

在过去短短40年间，寺底村搬迁过两次。第一次是20世纪70年代寺底村民与插队知青建起了排窑“大寨房”，村民从山间零散的院落搬到排窑。这种排窑和大寨的排窑如出一辙。

后来因为煤炭开采造成缺水，村民连日常饮用水都成了问题，要靠水车从山外运进来。于是，寺底村在20世纪80年代又进行了一次整体搬迁，这一次迁到了开化峪口的寺底新村。

寺底村现有人家89户360人，耕地376.4 亩都在旧寺底，新村只有 30 亩左右。

寺底村迫切想要开发大佛，不过这却有着现实困境。

王剑霓在找寻大佛时，当时的村支

晋阳西山大佛

蒙山大佛又名晋阳西山大佛，位于山西省太原市晋源区金胜乡寺底村西北二里的蒙山，北齐文宣帝高洋天保二年（551）始凿，经五帝二十五年，至后主高纬凿成。大佛像高200 余尺，约63 米，比巴米扬大佛（高53 米）高，比乐山大佛（公元713 年）早，是中国最早的露天摩崖石刻大佛。

关于蒙山大佛，还有一些历史谜题有待破解。比如大佛西面还有三处突起的有人工雕琢痕迹形似佛像的巨大石岩，有人猜测，蒙山大佛也许不是形单影只。不过，这一切有待史料和考据佐证。

王剑霓拿出《地名大全》一书，用放大镜寻找“蒙山”词条。这个地名在中国很多地区都有。左边压着词典的是他的祖父力宏大师的照片。

书弓贵来等人曾陪同其山间四处寻访。1991年，退伍军人贾二柱当上寺底村支书后，力主修复大佛，并于1994年集资10万元，清理掩盖大佛的碎石泥土杂草，大佛终于露出了残破不堪的躯体。

直到 2005 年，煤矿治理整顿，寺底村煤窑关闭，土地支撑不了家用的村民没了经济来源，那尊无头的大佛才真正成为他们的新希望，大家把目光再次投向了大佛。于是有了2006年村民集资给大佛装水泥头像的举动，不过这一举动随后被文物部门紧急叫停。

2006年，寺底村所属晋源区决定开发蒙山景区，从此政府介入大佛修复工程。同年，太原市晋源区文物局正式申报了关于大佛开发方案，政府聘请专家对蒙山大佛进行全面保护并对开发进行论证，如要不要装佛头？装什么样的佛头？如何装？如何进行整体开发等。

到了2007年年初，晋源区就蒙山佛教文化研究发掘、蒙山大佛修复保护召开座谈会。中国文物学会李瑞森副会长的话让人非常兴奋：“我被大佛的恢弘气势深深震撼，这是我从来没有过的感

太原也称龙城，为了防止晋阳再有“真龙”出世，赵匡义下令铲平因夏禹治水而改龙头山为系舟山的山头，意为拔去龙角，同时在重修的太原城中只建丁字街不建十字街，意思是像“钉子”一样，钉破龙脉，这样便再不会有人与之争夺天下。

铁佛殿参照五台山佛光寺风格重新修复，1985 年被迁到太原双塔寺的两尊唐代铁佛又回归故地。

觉。蒙山不仅是太原人的大佛，更是全人类的大佛，它属于摩崖石刻艺术中的精品之作。”

2007年10月15日，蒙山大佛修复工程初步结束。新装的佛头高12米，直径8米，重约140 吨，安装的办法是把当地岩石磨成微粒，再用一种粘合剂粘合而成，式样参考当地20世纪50年代出土的北齐佛头造像。文物部门本着修旧如旧原则，采用锚固灌浆方式，对佛体本身也进行了加固，共灌浆 450 余吨。

修复后的大佛坐高 40 米，通高（大佛站立高度）66 米，两耳垂肩，双目微睁，背依群山，盘腿而坐。

20世纪90年代初—张贾二柱、梁万生、梁三姓、郭四海包括王剑霓五人在蒙山考察的资料图片让我们的摄影师曾突发奇想：让五人20年后再相聚，按照当初的顺序，在大佛前再一次留下他们的身影。

20年的沧桑，物非人是，大佛终于能以悲悯再一次注目世人。

净土宗

在太原，说到开化寺，往往是指一条繁华的商业街。其实，这个名称起源于蒙山开化寺。

大佛被发现后，王剑霓对大佛进行了更深入的研究。由于想自己开发修复大佛的寺底村村民缺乏相关历史知识，

爬上大像肩头远眺，山豁间可见20里外古城营村，晋阳宫遗址就在眼前，确可实现“燃油万盆，光照宫内”。

他们一遇到问题，就会向王剑霓请教。

不久，王剑霓有了更惊人的发现：蒙山开化寺就是古称“并州大寺”的并州第一古刹，日本佛籍中称“并州大岩寺”，这是佛教净土宗昙鸾、道绰两位大师早期弘修净土的道场。据传，东汉明帝时，蒙山修建了并州大岩寺，成为佛教传入中国的早期道场。《续高僧传》里《昙鸾》中记载着东魏孝静帝敕命净土宗宗师昙鸾住持并州大岩寺，寺底村人世代传称西山大佛为并州大岩寺主佛像。北齐文宣帝高洋凿大岩为大佛，雕凿大佛的同时，为了方便远瞻，在大佛往南二里处修筑寺院，并赐额“开化”，此后并州大岩寺更名为开化寺。

这一发现引起了日本佛教界重视。2007年4月19日，日本富山县日中友好协会副会长、光明寺住持栗三直隆来太原瞻礼西山大佛，并带来多年研究考证的《昙鸾大师关系年表》，与王剑霓的《佛教净土宗大事记》两相对照：昙鸾大师在并州大岩寺初修净土6年，后移至交城玄中寺；道绰大师在太原蒙山开化寺继续弘扬净土19年，后移玄中寺。而净土宗传入日本正和玄中寺密切相关。中国南宋淳熙二年，即公元1175年，日本高僧法然上人根据善导大师所著《观无量寿经疏》思想创立了日本佛教净土宗，尊昙鸾、道绰、善导为净土宗之祖，并视三位祖师创办、驻锡、主持之玄中寺为其祖庭。长期以来，玄中寺何在却成为不解之谜。直到20世纪20年代，日本佛教史学者多方考证，终于找到祖庭，这便是地处山西省交城县城西北 10 公里石壁山里的玄中寺。

而太原西山大佛处便是中日佛教净土宗、净土真宗的早期道场。

净土宗为中土佛教“八大宗”中影响最广、信众最多的宗派之一，因专修往生阿弥陀佛净土法门，故得名。山西自古就是佛教文化的重镇，不仅有许多著名的佛教胜地，还出现了许多名垂青史的高僧大德，如西行求法的法显，净土宗代表人物慧远、昙鸾、道绰均为山西人。

山西省社科院山西古代文明研究中心主任杨晓国研究发现，山西早有宗教造景习俗，其中以佛教造景为最，几乎整个山西山地达到一种无山不佛、无山

北齐文宣帝高洋：

北齐文宣帝高洋（529～559 年，其间550~559 年在位），字子进，庙号显祖。在位时佛教隆盛，设有僧官管辖僧尼400余万、寺院4万余。帝曾诏请国师法常讲经，任昙延为昭玄统，并诏命僧稠于邺都建造云门寺。

高洋幼时其貌不扬，沉默寡言，实则大智若愚，聪慧过人，虽偶然被兄弟嘲笑或玩弄，但其才能甚得父亲欣赏。公元550 年，高洋废掉东魏孝静帝，自立为帝，改元“天保”，建都邺，北齐建立，年仅20 岁。他在位初年，留心政务，削减州郡，整顿吏治，训练军队，加强兵防，使北齐在很短的时间内强盛起来。之后不理朝政，沉湎酒色，在都城邺修筑三台宫殿，动用10万民夫，奢侈至极。

不窟的程度。北魏时期，一度出现喜造大佛的现象。比如在太原西山，距离天龙山石窟不出 20 公里范围内，前后不到 5 年的间隔中，就有两座借山崖人工凿成的巨佛。其中一座是蒙山大佛，另一座是龙山大佛。昙鸾曾在太原、交城、介休、平遥等地宣传净土思想，教民众简便易行的念佛方法，因平遥讲经之地被称为变红岩，孝静帝称他为“神鸾”。

2007年8月，日人菅原钧来到太原求见王剑霓。1942年，王剑霓的祖父力宏大师同日本名僧常盘大定、菅原惠庆在玄中寺共同举办过“严修昙鸾大师圆寂1400周年法会”，并为法会写有《净土四大师略传》，成为研究净土宗的珍贵资料。而菅原惠庆正是菅原钧的父亲。在更早的1920年，力宏大师曾帮助常盘大定找到净土祖庭交城玄中寺。

时光上溯到赵宋，大佛亲眼目睹了一出人间惨剧。宋太宗赵匡义以晋阳、开封“参商不两盛”为由，于公元979年焚毁晋阳城。“不论民居与官府，仙佛所庐百余所。鬼役天才千万古，争教一炬成焦土”。次年又引汾、晋二水灌晋阳，一代名都彻底毁灭。并移并州治于榆次，废晋阳、太原二县，改为平晋县。又在汾东行营旁建起一座周边两公里的小城，即平晋县城。后设太原府，即现在的太原市，同时在太原府新城内建造了“开化寺”等十二院。其中，首院开化寺就建在现在的开化寺街与钟楼街之间，成为蒙山开化寺的“下寺”。元末，上寺即蒙山开化寺被毁，大佛湮

游人到此，最喜欢的事就是给大佛拍照。

没，太原府城的开化寺逐渐衰落。这里民国初期成了商业市场，只有寺名延续至今，历史就这样诡异，现在太原市内的开化寺同样变成了一个地名。

帝王的惶恐

虽然中国的最后一个皇帝也已离人们远去近100年，人们还是喜欢谈论皇帝。皇帝去别的地方称巡幸，来蒙山则是瞻礼。

蒙山是吕梁山脉的一支余脉，与晋祠景区悬瓮山，天龙山景区天龙山，形成三足鼎立之势。蒙山大佛位于晋阳西山、蒙山腹地之间，境内高峰耸峙，气象万千，传说为古晋阳龙脉所在。所以也就不难理解皇家对大佛的礼遇。

蒙山所属晋源区，传说是古唐之地，帝尧初都，有故唐城。公元前497年，赵简子派家臣董安于溯汾河而上在晋水之阳建立了晋阳城。

御驾桥横跨蒙山开化峪口，是一座古石桥，也叫“龙桥”。桥长15米、宽8米，用150块条石砌成。两侧栏杆刻有9条飞龙，望柱上雕有10只石狮。因历代皇帝朝拜蒙山大佛，都要从这座桥上经过，御驾桥因此得名。

蒙山大佛由北齐皇帝高洋赐建，历经高殷、高演、高湛和高纬四位皇帝督建始成。隋时，文帝杨坚于公元602年为大佛修建佛阁，名曰“净明”。隋末，后成为唐高祖的李渊常来蒙山拜佛，后复赐名“开化”。唐显庆五年，唐高宗与武则天夫妇巡幸晋阳故地，亲来瞻礼蒙山大佛，“礼敬瞻睹，嗟叹

一队小学生参观五龙庙的壁画。

85岁的王剑霓再一次来到大佛前。游人来来往往，只有大佛和老人显得那么安静。

希奇，大舍珍宝财物衣服”。回到长安后，还令宫内专门为大佛制作了一件硕大无比的袈裟，派遣特使送至晋阳，并在晋阳百万僧俗的瞩目下为大佛举行了披袈仪式，袈裟上装饰的金银珠宝“放五色光，流照崖岩，洞烛山川……”，“数千万众，道俗瞻睹，一时轰动并州”。即使唐武宗灭佛时候，大阁虽然失修破败，但大佛却未受损。

晚唐乾宁二年（895年），晋王李克用竭河东之力，“计口随钱，不可胜计”，五年用工三十万，重修大佛阁。五代后晋开运二年（945年），北平王刘知远留守北京（晋阳），又修佛阁。这次重修的庄严阁，高五层，每层十三楹，二十六间，共一百三十间，将二百尺高的大佛庇盖于内。

元世祖忽必烈敕封国师辇真八匝赤住寺。元末，寺毁阁倾，大佛头倾落。

大佛头像哪里去了？一说是毁于战火，一说自然风化——又成为一个千古之谜。

大佛从此隐去。再没有皇家的聒噪，俗世的纷扰。

我们也不难理解赵匡义的恐惧。赵简子、汉文帝、高欢高洋父子、隋炀帝、李唐父子、后唐、后晋、后汉等均依托晋阳而成霸业。太原也称龙城，为了防止晋阳再有“真龙”出世，赵匡义下令铲平因夏禹治水而改龙头山为系舟山的山头，意为拔去龙角，同时在重修的太原城中只建丁字街不建十字街，意思是像“钉子”一样，钉破龙脉，这样便再不会有人与之争夺天下。

新大佛，新生活

2008 年 10 月 7 日，蒙山大佛对游人开放。

在太原，问出租车司机有什么好玩的地方，他们一般会推荐蒙山大佛，因为大佛的传奇经历，人们对他充满了别样的好奇。

即使下雨，上山的游人也很多。蒙山景区暂不收门票，在刚过去的8月的一个周末，据景区的攸先生介绍，游客达到上万人，而在2010年“五一”期间，游客更达到5万人。

寺底村人对几年前的生活记忆犹新，那时出门就是煤灰，有人戏说把路上的煤灰扫扫也能当煤烧；因此人们不敢穿浅色衣服，坚持不了一天就变成黑色；手总是洗不干净，给人的感觉就是脏。

而如今山上郁郁葱葱，满目苍翠。终于有了佛家居住的气象。

曾经的开化寺由前后两寺院组成，前院为瞻望大佛和皇帝游乐时小憩的地方，后院是主寺，为大佛所在。

从连理塔前寺到开化沟底有一段2.5公里长的河道建成了景区水系。当地人的说法是三分泉水，七分井水——有了水，山便有了灵气。

水声让他们恍惚，靠水车拉水的记忆还没有消逝。更早之前，蒙山有建于北齐天统二年的甘泉寺，唐代高僧志贤曾住寺。寺早就废了，甘泉水也因水位下降由从山岩飞涌变成了从山洞中流出，下有半亩大的水池，寺底村人叫作滴水岩。20世纪50年代还在，村民曾取水抗旱，后因开山取石，滴水岩也被毁。

与别处不同，山上不时会出现果树林，是寺底村民以前的田地。下山的路两边种有草药景天，绿而密的一片又一片。景天好打理，开花后很艳。

或僧或俗，众人来蒙山都是为了瞻仰大佛。

宋代连理塔。邑志称“释迦如来舍利塔”，为砖砌单层两基塔，两塔基底相连，故称连理塔，是太原市最古老的花塔。

开化寺前院有宋代连理双塔，邑志称“释迦如来舍利塔”，为砖砌单层两基塔，两塔基底相连，故称连理塔，是太原市最古老的花塔。而连理塔对面一棵枯死多年的老核桃树又长出了新枝嫩叶，2010年更结了果，游人和乡民在树身上挂了许多红布条祈福。

铁佛殿也参照五台山佛光寺风格重新修复，1985年被迁到太原双塔寺的两尊唐代铁佛又回归了故地。

五龙洞里的明代壁画，是龙王出宫回宫图，洞里的龙王像是依据壁画上的龙王新塑的。直到20世纪50年代，寺底村一直保持一个风俗，每年春播前，村民都要把龙王请到观音殿供奉起来，秋收后再把龙王送回自己的五龙洞，感觉像是对龙王的劫持。在大佛东 40 米处的北峰岩壁上，还有一个北齐风格的五龙洞，大佛湮没后为了求雨方便，村民又修建了新的五龙洞。

太原古八景之一的蒙山晓月又常常被人提及。据说蒙山的月亮来得比别的地方早，走的比别的地方晚，常能看到日月同辉的景象。

我们等到天蒙蒙黑的时候拍大佛的夜景。守夜人殷计成、梁保平是寺底村人，寺底村多数村民成了景区的工作人员，承担保卫、保洁、导游等工作，还有的村民在排窑开起农家乐。梁保平手机里存着不同季节不同天气下的大佛的照片，他很乐意翻出片子和游人分享。他也很享受夜里这一山的安宁。

排窑门洞两侧，是寺底村20世纪六七十年代的黑白老照片，从人民公社到农业学大寨，再到知青下乡，还有普通人家的全家福、学生毕业照、参军照。照片中人也许就是沿途的保卫或是导游的前辈，也有可能就是刚刚为游人做农家菜的大娘。

农家菜价格不贵，三口之家有六七十块钱就可以吃得很好。有各种野味，八大碗，还有一道菜叫“炒恶”，主要食材其实是土豆。他们在夏天也吃羊肉汤。守夜人殷计成、梁保平的晚餐就是羊肉汤，他们一再要我尝尝。

39岁的王雅莉是寺底村民，从蒙山景区对游人开放起，就在蒙山景区做导游，一个月800元左右的收入，来来往往上山下山，收入比起当初有煤矿的时候是不多，可由于这份收入踏实，她乐此不疲。我们上山那天请的导游就是王雅莉，因为下着大雨，她特意地准备了伞，讲话急急的她恨不得让你一下子就了解蒙山。

贾二柱在 2005 年当上村支书，梁

> 高僧昙鸾
>
> 昙鸾，净土宗高僧，生于北魏孝文帝承明元年（476 年），雁门（今山西省代县）人，14 岁在五台山出家，圆寂于东魏孝静帝兴和四年（542 年）。还有一说圆寂于北齐天保五年（554 年）以后。魏孝静帝称他“神鸾”，梁武帝称他“肉身菩萨”。昙鸾是将儒、道、释三学融会于净土思想的净土宗大师，在佛教中国化的变革中有重大贡献的佛教学者。
>
> 中土净土思想原于道安、慧远诸高僧，但是深入研究净土经典、从佛学理论阐发净土思想、创立净土弥陀信仰学说、奠定净土宗理论基础的是昙鸾。昙鸾被日本净土宗和净土真宗推崇为始祖。

太原古八景之一的蒙山晓月又常常被人提及。据说蒙山的月亮来得比别的地方早，走的比别的地方晚，常能看到日月同辉的景象。

三姓是村长。为了等待我们，他推掉一个战友们的聚会，对他来说，和大佛有关的都是大事。

高志明是贾二柱的战友，受寺底村人委托成了王剑霓先生的代理人，是晋源区佛教协会副秘书长，由他出面打理蒙山景区的佛教事务。他的短信也因此充满了佛教色彩：阿弥陀佛女施主吉祥 ：佛缘，福源，情渊，愿圆。

蒙山如画，寺底村人就是画中人。

也许这才是他们修复大佛的最终目的，在佛脚下讨一份简单的生活。

他们说起大佛的故事如数家珍，他们搞得清大佛经历的复杂年代。他们更喜欢谈谈皇帝，说起皇帝来朝拜大佛的盛景，其描述恍如亲历。尤其喜欢的是谈到女皇的朝拜，虽然朝拜当初，祖籍山西的武则天还不是皇帝。

撰文/水　伊　摄影/王　牧

神秘的大佛，仿佛承载了太多的秘密。

乡宁：寂寞下川村

在晋南的乡宁县东南部，有一个叫下川的小山村，古窑洞依着阳坡而建。就是这个小山村，有人推测为汉代骐县旧址，可能藏匿着比明清更古老的历史痕迹。今天，真正在古村的老房子里居住的，却只有一人。

太阳一点点升高，村庄逐渐亮起来，冬天的下川古村更显苍凉。黄土，瘦了的树木，灰色的房屋和庙宇，连石缝处也溢出历史的冷峻和时光的清冷。

牵骡上山砍柴，村里人还是喜欢经过古村的老街道。

山谷里的石头村

民国版的《乡宁县志》载：东汉骐侯在今城东南六十里设治所。有人分析，现乡宁县城东南60里具备建县治所的也就是关王庙乡（原安汾乡）下川村。刚解放时，普查人口，下川村是全县第二大村，仅比第一大村西廒村少一人。乡宁县位于山西省西南部，是吕梁山脉最前沿的一个山区县。东靠临汾、襄汾，西隔黄河与陕西宜川、韩城相望，南邻河津、稷山、新绛，北与吉县接壤。境内山峦起伏，沟壑纵横，多坡地，少平川，自然村庄都不大。下川村虽然解放时才 700 人，但属本县大村无疑。历史变迁，风云际会，下川村所在地不是没有可能在遥远的朝代作为一个县的中心。

但这仅仅是猜测。对此热情最高的却不是考古专业人员和历史研究人员，而是民间的历史爱好者。这其中就有王晓鹏和王树生。

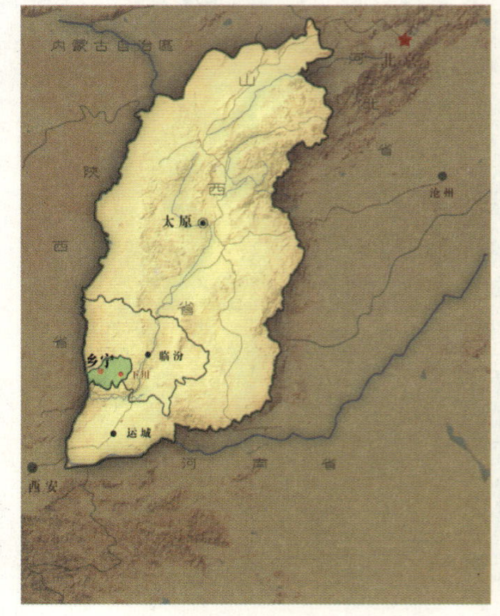

偶有村人回到老屋子里翻腾出旧家什来用，我们正碰上一位，他手里抱着一个带有抽屉、门的小柜，肩上扛着一只大铁锅的框架，满脸喜悦。

2010年1月13日，在去乡宁县前，我见到了王晓鹏。他戴着近视眼镜，一副文人形象。是银行职员，业余写散文、诗歌。2006年开始，他对下川村进行史料上的对证和实地考察。与县电视台合作，在“乡宁档案”栏目做了十几期下川村的节目，他认为，下川村很有可能就是汉代骐县所在地，并推荐我们去乡宁县后找王树生。王树生现为县环卫队队长，下川村人，最早是他将古老的下川村介绍给了王晓鹏等人，同时也参与了对下川村的探索与发现。

不过临汾市考古界在这次全国性的文物普查中，对下川村现有的古屋古街进行了评估，确定为明清时代。也许那只是乡宁县几个历史爱好者的臆想？

2010 年 1 月 14 日，我们从太原出发，4 个小时后，到达乡宁县城。第二天一早，王树生亲自驾车，乡宁县文物所的所长张红娟陪同，我们到了下川村。

下川村位于乡宁县城东南部的一个山谷里，这个村庄基本由石头打造。老房屋已空空地闲置着，保存完好的大多街门紧闭，铁门环相扣，简单地挂了一把小锁。而有的院落却大敞着，里边的房屋好坏参半。石窑洞，圆拱形的门窗，两层居多。木质的窗棂发黑，糊着的麻纸已被风雨吹破。而有的房屋，做了牛舍，老黄牛隔着门缝，把湿湿的鼻子挤出来。

村里一共有两条街道，内街和外街，也叫上街和下街，通过城门相接。青石的路面，已不平整，突出的石头磨

南门的门洞正上方有龙头装饰，造型简洁朴素，龙嘴紧闭，眼睛坚定；而龙尾从门洞后方伸出来。

得很光滑。而街道和房屋下的排水系统完好无损。现年58岁的王树生说，他小时候常常钻到下水道中与小朋友们捉迷藏玩。上街有王家祠堂，一块木质牌匾悬在街门上方，上书“报本堂”三个黑字，但细看又有一行倒着的红字压在下面：“毛泽东思想大学堂。”“文革”时，原牌匾紧跟形势，改了内容，现在又恢复原样，但并未抹掉另一段历史的痕迹。推门进去，里面是个四合院。正房敞开着，是祭祖堂，有两块内容笼统的牌位，没有具体的列祖列宗的画像和名字。其一是“供奉下川村历代祖宗之神位”，其二是“供奉天地三界十方万灵真宰”，并都用“诚心供奉”四字表态度。但环顾四周，祠堂已多时不用，院子里有积雪，桌椅板凳堆在一角，蒙了灰尘，临街的房屋墙壁开了裂。村里人说，祠堂还用着，只是婚礼、议事等已不在这里，但办丧事时，还要在此停灵柩，并要举行一定的仪式。

据老人回忆，下川村原有六个城门，南北各两个，东西各一个。现在剩了两个门，即南门。其中一个门洞正上方，有石龙头，造型简洁朴素，龙嘴紧闭，眼睛坚定；而龙尾从门洞后方伸出来。这龙被镶在石门里，却一点感不到它的憋屈，似乎它随时都可穿石而飞。由于风化严重，城门洞的石头与石头间已无任何粘合剂遗留，缝隙很大。门洞建造年代不详。门洞上方有一个小庙，村人叫山龙庙。过去下川村庙宇有十几座，比如天地庙、夫子庙、龙王庙、华林庙、关帝庙、南岭庙、三观庙等，前

位于老村上街的戏台，房梁上写着大清嘉庆年间重修。

五个还在，其他就只有遗迹了。从庙的名字看，下川村人尊奉的中国神多、本地神多，外来宗教的色彩不浓。他们的人生好像自成一体，有自己坚定的信仰。

除了房屋，我看到最多的是石碾，它们的数量与原来的人家一样多，家家户户有石碾。如今这些石碾有的在原地驻守着，有的被竖在一边，还有的垫了路面。

王树生把我们领到他家的一处老屋前，两层的石窑洞。墙上尚存有两幅当年抗日的漫画，但左边的字已不清楚，右边的字清晰可见："小鬼子你往哪里跑？"我们随意地在老村里走，王树生指着一些破损的房屋废墟说，这原是个大院，全是三层窑洞，住着二十多户人家呢。但如今没了人气，房屋也坍塌得很快。

放羊归来。

王家祠堂隔壁的房屋很别致，有映山墙装饰，与徽派建筑的马头墙相似。别处没见。从外观看，下川村现有古宅都比较朴素，木质的门楼只有简单的雕刻，街门不大，个别的有石狮子门墩。院子里也很朴素，同样很少雕饰。现在，下川村人都挨着老村的东边建了新房子，但老村里还留守着三家人，其中

有的老窑洞成为牛舍，这成为村里老人来老村走动的一个好由头。

两家是后来盖的新屋，真正住在老房子里的只有一家。

村庄原有两个戏台，现在只剩了上街的一个。构架都好着，前檐上的木雕颜色还艳，房梁上写着大清嘉庆年间重修。戏台下面还有一层，原来摆着许多大缸，是制造音响的，现堆着些杂物。

老村里也不是完全寂静，家鸡家狗常常光顾，而一些上山砍柴的人也愿意从老街道走过。天帝庙里的小学校早没有学生，村边上新建学校的大门也关了，原因是学生都去外边念书，衰落了的下川村除了留不住出外打工的年轻人的脚步，也没留住小学生的身影。

古道·古观象台

站在下川村的后山上，我们清晰地看到了三条古官道，蜿蜒进山里。这些古道早已不走车，偶有上山种地或砍柴的人走。在华灵庙（原叫华林庙，华仁庙），就有一条完整的古道伸到下川村里，而另一边则伸到新绛县。古道轮廓十分明显，只是长了些荒草，有些碎石，宽处感觉能走两辆卡车。华灵庙位于下川村南山顶。以其险要的地势和重要的位置，在历史上曾为汉族与少数民族的文化交融道，晋狄通婚的和亲道，经济贸易的交流道，直至抗战的军需军粮运输道，历来为兵家必争之地。华灵庙原为一座土地庙，现名称是因纪念1941年12月初的一场对抗日军的战斗而改。新修的庙宇内保存有当年阎锡山所竖的碑一通，书写有“华灵庙二十四壮士殉国纪念碑”。这是一片曾被热血染红的土地。现在是晋南三县交界处，乡宁、襄汾、新绛，三县在此分隔。山高谷深，古道悠悠，历史淹在一隅任人评说。

下川村的古道，有人猜测，最早可追溯到春秋晋国时。那时，晋献公娶狄戎部族之狐氏部的大戎子和小戎子，而大戎子狐姬生重耳，即后来的晋文公，小戎子生夷吾即晋惠公。据一些史料及地名考证，狄为晋西北之患，其时地在乡宁（吕梁山南端的鄂水流域）。晋文公之母和晋惠公之母的家乡，有可能就位于现在的乡宁县境内。重耳当年逃亡时，经过母亲的家乡，受到过狐氏兄弟的保护。在他成为晋文公后，对这块地方格外眷念，加上鄂水流域草木茂密，动物种类丰富，所以他常来此狩猎，并建有行宫，那些古道，有可能是当年遗留下来的皇道。据下川村年长的人回忆，“文化大革命”前，下川村及四周的山上，郁郁葱葱，长满了两人才能环抱的古柏树，鹿、狼、金钱豹、褐马鸡等常出没其间。王树生小时候放牛时，就亲见过金钱豹撵牛的场面，而下川村所属的一个自然村鹿凹峪现在还常能看到鹿出没。20世纪80年代，王树生曾在报纸上发表过有关乡宁县褐马鸡的文章。如今，褐马鸡的数量少了，但仍可看到。

下川村背面的那座山上有一块平地，村里人叫圣官场，曾有几十个外形如石臼的东西，年轻人好动，有时玩着玩着就将其推到山下，也有个别人家搬了回家做喂牲畜的器具。我们在村里看到两个，已弃在院里。直径和高都约有五六十厘米，石头表面粗糙明显有风化。有人认为是加工粮食的石臼。也有人说是祭祀用的油灯，并由此猜测圣官场是一处古时观测天象祭祀太阳的场所。而考古专家田建文教授说，是明清时乡宁一带捣旱烟、韭花的器具。2010年1月15日下午3点，我们用了半小时爬到圣官场。上山时，发现有石头垒的古道路基，有的地方很宽，感觉能错两辆马车，但大部分地方或长满了灌木丛，或已被泥土掩盖。

我们在采访时，正值千年一遇的日环食，3点50分，出现日初亏时，我透过X光片看天空那个太阳。这似乎是一个天和人的预谋，我们选这个日子这个时辰上圣官场并不是真的冲着观看日环食，而我从手机新闻上得知这个时辰有日环食现象发生，临上山时便从老乡家借得一张X光片带在身上。不管此地是不是古时的一个观测天象站，或一个祭祀太阳的场所；抑或是一个庙宇，一个集体加工粮食处，我在2010 年 1 月 15 日下午，却是把它真正当作了一个观测太阳的神圣场所。太阳在上，万物在下。我看到太阳的伤口越来越大，村庄里的狗叫声不绝。直到我们下了山回到村里，太阳仍然没有恢复原样，正好遇到一位牵骡的老乡路过，递给他 X 光片，让他看看头顶的太阳，他憨憨地笑道：太阳被天狗吃了。

王小拽老人家窑洞内一角。

王氏家族

现在的下川村，大部分人家都姓王，是一个祖先繁衍的。族里的负责人手上还有家谱，好几大本，已有20几代，因为年代久远，不敢轻易翻动，所以一般不示人。王家最早是在元末年间，因经商，从陕西省神木来到乡宁县，后定居在下川村。王树生的父亲王国贤是王家第18代。他念过乡宁师范学校，有文化。今年已 86 岁。是村里最年长的人。多年前已随儿子住到了县城。我们在王树生的哥哥家见到这位老人，听他讲了些下川村的老事。他平时闲着无事，就拿毛笔写字，写了自传，并记录了下川村的小故事小传说和顺口溜。他根据记忆写了一篇族上传下来的《老来难》，一共誊写了 20 多份，分发给晚辈们。

因为持家谱的人不在，很遗憾没见到那本老家谱。但在王树生那里看到了家谱的誊抄本，是王国贤、王树生和王树生的儿子，祖孙三人一同誊抄的。家谱比较详细，从元末王家迁移到乡宁县开始，总序、目录、族人情况等应有尽有。目录非常丰富，如录皇恩圣旨敕书诰语，牌坊匾额，七世明经，邑庠职名，寿高前辈，作善降祥，村岗风景，孝子忠臣，节妇贤女，遇难战救，坟岗龙脉，经过善恶，等等。里边还夹有一些散文和诗歌，为主人感怀或记事。如《城楼同叙》："夜同故友在鄂城，遥望银河雨未零。携手归来鸡三唱，天边忽来月一棱。"《夏日抒怀》："竹屋日长茶熟，水停风细荷香。不用蒲葵小扇，自然心地清凉。"这些小诗，流露着王家人在下川村生活的闲适。粗粗地翻了下家谱中的"历代明经出身"，发现王家祖上除了县令外，好像没有更大的官。但王家当代人中却有出类拔萃者。第 18 代的王国珍的大儿子王明星（又名王大明），是美国某知名研究所的所长，前两年曾回到下川村祭祖。

说到祭祖，下川村的王家藏着挥不去的愧。下川村原来叫燕家川，是燕姓人居住的地方。但王家祖先搬来后，与燕家人生了摩擦，矛盾升级，以致闹到谁留谁走的地步。一片风水宝地，谁也舍不得离开。于是动了官司，要挖墓取证。王家人或许心里事先有大委屈，赶在官员断案前，悄悄将燕家祖坟里的鉴砖换成自家的。王家因此打赢了官司，燕家人愤而搬走。从故事的表面看，不是都在王家，但当时真正的是非就不清楚了。有一点是不可更改的，从此王家就在事实上认了燕家祖先。以后一代又一代的王家人，在每年清明祭祖时，就携了两份供品，先拿厚一点的供燕家祖先，薄一点的再供自家的。他们挤走了燕家后代，却被迫认了燕家祖先。误认还是强认，总之祖先在上，后来人的供奉都是虔诚的，这段陈年旧事却是从王家后人自己嘴里说出的，他们内心依然保存有淳朴实在的一面。

"拔灯求子"与"花馍"

王家祠堂临街面有许多钉子，是临时悬挂一些旌旗用的，墙上有香火熏黑的地方。每年的正月十五，即便是已人去屋空的下川老街也一下子热闹起来。除了传统的社火、花鼓、戏曲、表快板

老街两边房子的临街墙壁上都向外突出一块带圆孔的石片，显然是盖房子时有意嵌进去的，外形类似拴马石，但高高的在两米以上，原来是挂街灯用的。

外，最有特色的是“拔灯求子”。

下川村老街两边房子的临街墙壁上都向外突出一块带圆孔的石片，显然是盖房子时有意嵌进去的，外形类似拴马石，但高高的在两米以上。原来是挂街灯用的。在一些传统节日，尤其像元宵节这样的热闹日子，街灯悬挂起来，村庄便沉浸在一片喜庆祥和中。而“拔灯求子”的习俗在这种红红火火的节日中尤为亮心。

也不知道从什么时候起，下川村的老街道就被人们赋予了庙宇的功能，融进了中国传统的求子文化。久婚不孕的妇女或还想生孩子的妇女，常常要到庙里求拜菩萨，希望得保佑早生贵子。但在下川村，人们却直接把这一世俗的愿望寄托在了平常巷陌间。看不见的神，在一个村庄的上空，悄悄施行魔法。正月十五这一天，举行一定的祭拜仪式后，下川村的迎灯队伍就出发了，是一些装扮鲜艳的花童提着红灯笼，到曾求子成功的人家去迎灯，而这家的孩子这一年要过12岁生日才行。迎灯范围除了下川村，也包括周围村庄及邻县。最多时，有二三十家，迎灯队伍要从早走到晚，忙碌一整天。到了人家，迎灯队伍受到的待遇不亚于迎亲队伍，要坐上座，吃酒席。走时，这家12岁的孩子要跟着去下川村磕头还愿。据说，下川村的“拔灯求子”特灵验，每一年，慕名前来求子的人都不少。迎到的灯挂在街上，那些渴望孩子的人便按自己的愿望，或拔左边灯的蜡烛，或拔右边灯的蜡烛，男左女右。拔灯不是随便的事，

13岁的王燕亮和12岁的王文红哥俩利用休息日帮家里人上房顶拿晒好的玉米。

要有保人，因为许下的愿若实现了，是一定要还愿的。保人会认真地记下你的姓名村名等，以后追访。因为这些虔诚的还愿者，下川村的“拔灯求子”习俗才流传至今。

这种“拔灯求子”习俗，算是一种古老的生殖巫术。人类生存在地球上，心灵深处一直就荷载着对生的追求和对死的拒绝，种的正常繁衍和生产力的发展是人类社会赖以存在和发展的基础。一些民间流传下来的习俗，都隐约显露着人类潜意识中的人生观价值观。那天，我们在下川村的一户人家，见到一种“花馍”。而这种油炸发面食品，也是暗含有生殖内容的人类发展的活化石。这种用晋南民间特别的发酵品制作的面食，其形状如半球，顶皮上因下油锅前用刀划出方格花纹，油炸后上部自然鼓起如花绽开，名称也由此而来。制作这种食品不简单，即便是和面、揉面，也有一定的讲究，而制作最特别处，是不将面团成半球，而是擀成面饼，在火炕上捂些时间，再下锅，面饼见热油后，瞬间便鼓成金黄的半圆球，捞起即可。两个花馍从底部扣合好，就是一个圆球。将花馍献神后，送给婚后未育的女人，寓含食入腹中，腹如馍鼓，实现开花结子的愿望。而送给坐月子的人，则祝贺孩子的人生像月亮般圆满。

古县城推测

下川村处于古时交通要道，又是一个宜于人定居的地方，山上曾经遍生木耳、蘑菇、猴头菌（当地人叫银度），而人称死娃子地脑的，是一种野生猕猴桃，口感很好。但经过一场“文化大革命”，森林全部砍光，那些被老年人怀念不已的古柏树已寥寥无几。王树生回忆，他上初中时，山上还树木森森，河谷里水流哗哗。后来有外面的人带头砍伐老树，因经济利益驱动，人们像疯了一般，有时一天中就有几千人涌入山中，这样的情景持续了好几年，先还能

2010年1月15日下午发生日环食的那个时辰，我们把X光片递给一位老乡，让他看看头顶的太阳，他憨憨地笑道：太阳被天狗吃了。

砍到做大梁的，后来是做檩条的，直到不剩。说起来，真是心痛不绝。如今，树木已禁止砍伐，山上的植被正在恢复中，人们取暖做饭用的是一些灌木丛。

在下川村的西北面，还能看到原来的一处石头水利工程。建筑年代不详。先顺着山坡建了水渠收集汇拢山泉，再挖筑一个石池储存水，然后依次再建两份水渠、石池。这样，就分出来饮用水、洗涤用水和浇灌庄稼用水。像这样的水利工程，下川村一共有三处，但如今已废弃不用。人们到对面半山坡上的一口井里挑水。

除了地理形势和某些历史文献，有人推测下川村与汉代的骐县有关，还因为村庄对面的一座山，人们自古就叫它景山，即风水上讲的案山。而山上还有一处夫子庙，上了岁数的老人回忆，过去人们上学时，要先到夫子庙里拜孔子。夫子庙即文庙。现存的夫子庙建筑，只有很小的一个石头与砖砌起来的窑洞建筑，旁边长有一棵椿树，边上是一块平整的玉米地。显然，当初的夫子庙坍塌后，村人根据有限的财力重新建造了一个心目中的夫子庙，为的是继续祭拜孔夫子。但我们问了村里的好多人，此祭拜行为已失传。在封建社会，县级及县级以上的地方才有资格设立文庙，下川村作为一个自然村显然没有这种资格，但夫子庙又的确存在，有人就据此猜测，下川村古时有可能是县城所在地。

下川村是不是古县城的所在地，仍然是一个谜，这一切有待于将来的考古探查。

最后一个留守者

今天，真正在古村的老房子里居住的只有一人，她叫王小拽，77 岁，王家的第 19 代。她的父母一连生了五女，留她招了上门女婿，而她婚后却生了五男一女，真正地拽来王家的直系后代。前几年老伴去世后，就剩她一个人住在老院子里。

院子里有三排窑洞，其他堆杂物，她只住在一间正房里，很宽敞。临窗一盘大炕，灶台连着炕，之间用木栏杆隔着，很科学，如果炕上有小孩子，也不会怕他掉到灶台上。灶台挨着的墙上有橱架，两眼火，坐着一大一小两口铁锅。房子里摆着不少老家具，不知是什么材质，很深的色，虽有了岁月，但一点也没坏损。立柜、坐柜、箱子、梳妆台、各种桌柜、条凳什么的。盛粮食的缸，陶罐，粮食笆子是那种木质的量具。每一样，都有久远历史的气息。

老太太很利索，除了吃水需用儿子挑以外，其他生活都能自理。她说在老屋里住着得劲自在，不愿意住新房子。窑洞冬暖夏凉，冻得冰冰的我们，一进去就暖和得不行。这窑洞是直接从山体掏出的土窑洞，属单孔窑，进深约9米，宽4米，泥抹了壁，洞顶被烟火熏得黑黑的，但有大小两个窗户，采光还好，石券门窗和外墙，看着再住个百年也纹丝不动。

我们第一天去时，王小拽老人还主动热情地领我们去她家看，但第二天去时，她突然就变了态度，拒绝摄影师拍照，并说了一通抱怨的话。半上午的光线正好，急得摄影师不行。最后，我们好说歹说，讲了一通冠冕堂皇的理由，她才勉强同意。陪同的村里人后来告诉我们，老太太其实是怕拍多了照，吸去血气，对身体不好。而她最后送我们到院门口时，却还一再地叫我们不要介意她责怪她，摄影师乘她站在阳光下，又拍了几张她与老院子的合影。回想当时的老太太在闪光灯下，是多么勇敢啊。而我们，出于工作的心，真是那么纯正么？

房子里有烟火气，就不容易坍塌。如果王小拽老太太哪天不在了，下川古村还有谁来留守？

撰文/丹　菲　摄影/王　牧

下川村是不是汉代骐县旧址，仍然是一个谜，有待于将来的考古探查。